LIBET WERHAHN-ADENAUER

Erinnerungen an meinen Vater

Konrad Adenauer

AUFGESCHRIEBEN VON
CATHARINA AANDERUD

bei bast medien

Werhahn-Adenauer, Libet:
Erinnerungen an meinen Vater Konrad Adenauer
Aufgeschrieben von Catharina Aanderud

Eine Produktion von:
Bast Medien GmbH, St.-Ulrich-Str. 11, 88662 Überlingen
(verantwortlich)
3. Auflage 2024
ISBN: 978-3-956581-51-2

Herausgeberin: Eva-Maria Bast
Lektorat: Lena Bast
Bildredaktion: Magdalena Stoll
Covergestaltung: Carina Regauer
Layout: Jarina Binnig, Carina Regauer
Umschlagsbild: Carina Regauer
Satz: Carina Regauer, Melanie Kunze
Druck: Mohn Media Mohndruck GmbH, Gütersloh

Inhalt

Vorwort

Dieses Buch schildert Erinnerungen an Ereignisse, die eingebettet sind in die Geschichte unseres Landes, der Bundesrepublik Deutschland. Sie erheben keinen Anspruch auf Vollständigkeit oder historische Detailgenauigkeit. Dafür gibt es eine Fülle anderer hervorragender Publikationen.

Ich betrachte mein Leben als eine wunderbare Verbindung zwischen meinen Aufgaben als Ehefrau, Mutter und Großmutter, aber in besonderem Maße als Tochter eines großen Politikers des 20. Jahrhunderts.

Es liegt mir am Herzen zu betonen, dass die heitere, lebensbejahende und warmherzige Art meiner Mutter Gussie für meinen Vater ein wichtiger Ausgleich zu den großen Belastungen war, denen er während der Hitlerzeit ausgesetzt war.

Diese Eigenschaften meiner Mutter haben meine Kindheit sehr stark geprägt und waren auch für mein weiteres Leben, das sich so viele Jahre zwischen zwei Welten bewegt hat, ein ganz wesentliches Fundament.

Libet Werhahn-Adenauer

Libet Werhahn-Adenauer

Max, Lotte, Mutter mit mir, Ria und Paul (v.l.n.r.), dahinter Konrad - 1928.

01

Frühe Kindheit in Köln

Jeden Morgen ging mein Vater Konrad Adenauer zu Fuß durch den Stadtgarten zu seinem Auto am anderen Ende der Anlage, wo sein Chauffeur bereits auf ihn wartete, um ihn ins Rathaus zu fahren. Auf diesen morgendlichen Wegen sah er eines Tages eine junge Frau, die im Garten arbeitete, und begann, ihr über den Zaun hinweg

Ratschläge zum Pflanzen von Blumen und Sträuchern zu geben. So lernten meine Eltern sich kennen und freundeten sich an.

Mein Vater war damals bereits seit drei Jahren Witwer mit drei Kindern, während meine Mutter, Gussie Zinsser, gerade ihre Ausbildung an einer Gartenbauschule am Bodensee beendet hatte und nach Köln zurückgekehrt war. Sie war eine sehr fröhliche und unbefangene junge Frau, die sich überhaupt nichts dabei dachte, zusammen mit dem Kölner Oberbürgermeister in dessen Garten zu gehen, um sich seine Blumen anzusehen. Doch mein Großvater, Ferdinand Zinsser, sah dies anders und war sehr ungehalten darüber, dass seine Tochter sich bei einem allein stehenden Mann aufhielt. Eines Tages klingelte er schließlich bei Adenauers, fragte, ob seine Tochter da sei, und machte seinem Unmut darüber Luft.

Hochzeit meiner Eltern am 25.09.1919. Konrad, Ria und Max (v.l.n.r.) entstammen der ersten Ehe.

Aus dem gemeinsamen Interesse an Blumen, Gärten und der Natur hatte sich jedoch mittlerweile Freundschaft und schließlich Liebe zwischen meinen Eltern entwickelt, die auch durch den großen Altersunterschied von fast 20 Jahren und die Tatsache, dass beide unterschiedlichen Konfessionen angehörten, nicht gebremst wurde. Mein Vater war, wie in Köln üblich, konservativ katholisch, während meine Mutter zwar eine gläubige und religiös veranlagte Frau war, jedoch sehr viel freiheitlichere Vorstellungen über den Glauben und ihren Umgang mit Gott hatte.

Nachdem meine Eltern am 25. September 1919 geheiratet hatten, entließ meine Mutter, damals gerade 24 Jahre alt, als erstes das Personal im Hause ihres Mannes, weil sie völlig neu anfangen wollte. Die Herzen der drei Kinder Konrad (13), Max (9) und Ria (7) aus der ersten Ehe meines Vaters, eroberte sie im Sturm. Nur die Verwandtschaft tat sich zunächst schwer damit, dass er eine so junge Frau geheiratet hatte, die obendrein auch noch protestantisch war.

Mutter und Paul - 1923/1924.

Doch in den ersten Ehejahren konvertierte sie und war danach eine sehr gläubige Katholikin, die eine starke innere Beziehung zu den Heiligen entwickelte, mit denen sie sich intensiv beschäftigte. Für mich war ihre Religiosität sehr lebendig.

Am 17. Mai 1928 wurde ich geboren. Genau am Tag meiner Geburt wurde der Messeturm „Pressa" als Wahrzeichen von Köln auf der rechten Rheinseite eröffnet. Meine Mutter bekam zur Geburt einen Presseturm aus Rosen und mich nannte man „Pressalinchen".

Ich war das nunmehr sechste Kind. Meine drei älteren Geschwister Konrad, Max und Ria dominierten die Szene zu Hause, während wir – Paul, Lotte, mein jüngerer Bruder Georg und ich – die vier Kleinen waren. Georg wurde drei

Jahre nach mir geboren. Ich erinnere mich noch, wie wir Kinder gerade von der Nordseeinsel Baltrum zurückgekommen waren und sogleich an die Wiege unseres kleinen Bruders geführt wurden. Schorsch, wie wir ihn nannten, war ein bildhübsches Baby, eigentlich das schönste von uns Geschwistern.

Paul um 1926.

Wir sieben Kinder wurden alle von Luise Raskin betreut, einer ausgebildeten Kindergärtnerin, die meiner Mutter eine Freundin und uns Kindern eine enge Vertraute war, mit der wir über viele Jahre die Verbindung hielten. Louise Raskin schlug später einen sehr bemerkenswerten Weg ein: Sie gründete eine Schule und wurde Leiterin einer in Köln und Umgebung sehr angesehenen pädagogischen Einrichtung.

Wir wohnten damals in der Max-Bruch-Straße 6 in Köln-Lindenthal. Ich teilte mir mit meiner Schwester Lotte, die drei Jahre älter war als ich, ein schönes, großes Schlafzimmer mit Fenstern zum Garten hin. Eine meiner Kindheitserinnerungen ist, wie wir eines Abends im Spätsommer zu unserer großen Freude entdeckten, dass unsere Fenster voller Marienkäfer waren! Wir hatten die beiden Schlafzimmerfenster zwischen uns aufgeteilt – eines „gehörte" Lotte, das andere mir – und wetteiferten nun, auf welchem der beiden sich die meisten Marienkäfer tummelten.

Meine Eltern gaben häufig Gesellschaften, auf denen meine Mutter schöne Abendkleider und spitze Schuhe mit

hohen Absätzen trug. Wir Kinder hatten an dieser Welt jedoch nur als Zuschauer Anteil: Wenn die Gäste kamen, standen wir oben am Treppengeländer und beugten uns herunter, um zu sehen, welche Menschen zu Besuch kamen und wie sie angezogen waren. Die Mode der Zwanziger Jahre mit den langen, weichen Gewändern und den dazugehörigen langen Halsketten stand meiner Mutter besonders gut. Mein Vater ließ sich oft und gern auf gesellschaftlichen Anlässen von seiner eleganten und klugen Frau begleiten, die durch ihre unkomplizierte und offene Art leicht Zugang zu anderen Menschen fand.

Vater und ich - um 1930.

Meine Großeltern mütterlicherseits wohnten um die Ecke, so dass wir sie oft sahen. Großvater Ferdinand Zinsser, der an der Kölner Universität Professor für Dermatologie war, begeisterte uns Kinder damit, dass er bei Familienfeiern Zauberkunststücke vorführte. Großmutter Minna war eine entzückende alte Dame, fein, liebevoll und geschmackvoll. Wenn wir in der Frühe an ihrem Haus vorbeikamen, öffnete sie, meist in einen malvenfarbenen Morgenmantel gekleidet, das Schlafzimmerfenster und warf uns Paketchen zu, an die sie bunte Bänder geknüpft hatte. Darin waren kleine Frühstücksbrote, belegt mit Omama-Wurst, einer unübertroffenen Köstlichkeit!

***

Meine Mutter prägte die häusliche Atmosphäre bei uns durch den heiteren und lebensbejahenden Lebensstil, den sie aus

Lotte, Vater und ich (v.l.n.r.) im Garten des Hauses in Köln-Lindenthal um 1929.

ihrem eigenen Elternhaus kannte. Ihre Beziehung zu uns Kindern war innig. In ihrer warmherzigen Art sorgte sie für ein fröhliches und abwechslungsreiches Familienleben, bei dem gemeinsames Musizieren und Lesen sowie die Liebe zur Natur und zu allem Schönen im Mittelpunkt stand.

Unsere Familie in Bad Kreuznach im April 1932.

Feste Regeln bestimmten den Tages-, Wochen- und Jahresablauf. Sonntags besuchten wir alle gemeinsam die Sonntagsmesse. In der Advents- und Fastenzeit aßen wir keine Süßigkeiten, sondern sammelten alles Süße, das wir in der Zeit geschenkt bekamen, um es vor den Festtagen einer bedürftigen Familie zu bringen. Diese fest gefügte Ordnung, die uns Sicherheit gab, veränderte sich 1933 mit der Machtübernahme der Nationalsozialisten drastisch. Ich weiß noch genau, wie bedrückend es für mich als Fünfjährige war, als in unserem Haus plötzlich eine traurige, unsichere und beängstigende Atmosphäre herrschte.

Im März 1933 drängten die Nazis meinen Vater mit einer regelrechten Hetzkampagne aus seinem Amt als Oberbürgermeister von Köln. Er trat nicht zurück, sondern man verjagte ihn buchstäblich. Der Grund hierfür war, dass er es abgelehnt hatte, Hitler, der als Wahlredner nach Köln gekommen war, auf dem Kölner Flughafen zu empfangen. Außerdem hatte er veranlasst, dass zwei große Hakenkreuzfahnen, die die Nazis über Nacht an der Köln-Deutzer Rheinbrücke gehisst hatten, wieder entfernt wurden.

Es gab Pöbeleien, und die Bevölkerung schrie: „Adenauer, an die Mauer!“ Nachts kamen Telefonanrufe: Man bedrohte Vater, er möge seine Körpergröße nennen, damit man schon mal seinen Sarg anfertigen könne. Schließlich brachte Vater unsere Mutter und uns Kinder im Elisabeth-Krankenhaus Hohenlind unter, wo man uns eine Wohnung zur Verfügung gestellt hatte, in der wir vor den Anfeindungen sicher waren. Unser Haus wurde von SA- und SS-Leuten unter Bewachung gestellt und später beschlagnahmt.

Als Vater merkte, wie bedrohlich die Lage für ihn in Köln wurde, überlegte er mit seinen Freunden, Robert und Dora Pferdmenges, wie er sich in Sicherheit bringen könne. Schließlich packte er am Abend des 12. März einen kleinen Koffer mit dem Nötigsten zusammen und gab ihn Robert Pferdmenges mit. Sie verabredeten, dass Pferdmenges am nächsten Morgen mit dem Auto kommen und einige Straßen entfernt auf ihn warten solle. Vater erzählte den Wachen, er wolle einen kleinen Spaziergang im Stadtgarten machen, woraufhin sie ihn gehen ließen. Ein paar Ecken weiter stieg er dann in das Auto von Robert Pferdmenges, der ihn zum Bahnhof brachte, von wo er einen Zug nach Berlin nahm. Als Präsident des Preußischen Staatsrates hatte er in Berlin noch eine Wohnung, die zwar auch unter Bewachung stand, aber immerhin war er da vor Pöbeleien sicher und konnte gleichzeitig versuchen, ein Gesuch beim damaligen Innenminister Hermann Göring einzureichen, um sein beschlagnahmtes Haus sowie seine Pension, die man ihm ebenfalls entzogen hatte, zurückzuerhalten.

„Diese fest gefügte Ordnung, die uns Sicherheit gab, veränderte sich 1933 mit der Machtübernahme der Nationalsozialisten drastisch. Ich weiß noch genau, wie bedrückend ich es als Fünfjährige empfand, als in unserem Haus plötzlich eine traurige, unsichere und beängstigende Atmosphäre herrschte.“

■

02

Zuflucht des Vaters in Maria Laach

Anfang April 1933 wurde ein Dienststrafverfahren gegen meinen Vater eingeleitet, das er selbst beantragt hatte. Öffentliche Anschuldigungen wegen angeblicher Veruntreuung von Geldern und der Verletzung seiner Amtspflichten hatten ihn dazu veranlasst. Ende April bot der Abt des Benediktinerklosters Maria Laach, Ildefons Herwegen, der ein Schulfreund meines Vaters war, ihm Zuflucht im Kloster an. Wir vier kleineren Kinder – Paul, Lotte, Georg und ich – blieben während des gesamten Jahres, das er dort verbrachte, mit unserer Mutter in Köln.

Ich weiß noch, wie sehr meine Mutter sparen musste, weil Vaters Bankvermögen von den Nazis beschlagnahmt worden war und er weder Gehalt noch Pension bezog. Wir konnten es uns nicht leisten, im ganzen Haus zu heizen, und saßen mit einem Heizöfchen in dem einzigen Zimmer, in dem sich unser Leben abspielte: Hier wurden Schularbeiten gemacht, hier wurde gestopft und gebügelt. Meine Mutter schrieb akribisch alle ihre Ausgaben auf. Immer wieder wurden die hohen Stromkosten moniert, die sie aber mit Rücksicht auf unsere Gesundheit nicht weiter verringern konnte.

„Ende April bot der Abt des Benediktinerklosters Maria Laach, Ildefons Herwegen, der ein Schulfreund meines Vaters war, ihm Zuflucht im Kloster an.“

Im Benediktinerkloster Maria Laach fand mein Vater seine Zuflucht.

Da unsere Eltern nie einen Hehl aus ihrer Meinung über die Nationalsozialisten gemacht hatten, kannten wir Kinder die Hintergründe unserer Lage und lernten, uns außerhalb unseres Hauses nicht auf verfängliche Fragen einzulassen. Gelegenheiten, etwas für uns Gefährliches verlauten zu lassen, hatten wir ohnehin immer seltener, denn niemand wollte noch etwas mit uns zu tun haben. Auch die Eltern hatten kaum noch Freunde, die ihnen die Treue hielten, wie Dany Heinemann und das Ehepaar Pferdmenges.

Vater in Maria Laach - 1933.

Von Köln aus besuchten wir unseren Vater häufig am Wochenende. Wir fuhren mit dem Zug bis Andernach und dann mit dem Bus hoch nach Maria Laach – es war immer eine ganze Himmelfahrt.

Vater hatte die Auflage bekommen, in der Klausur zu leben, d. h. er durfte nicht gesehen werden und auch keine Besuche, mit Ausnahme seiner Familie, empfangen. Er hatte ein eigenes Zimmer in der Klausur, in dem er auch seine Mahlzeiten einnahm, und war mehr oder weniger den ganzen Tag alleine. Da man nicht wollte, dass er in der Öffentlichkeit in Erscheinung trat, durfte er auch nicht durch die Klosterpforte ein und aus gehen, sondern bekam einen Schlüssel für ein Hintertürchen, das zum Friedhof der Patres führte, von wo aus er direkt in den Wald gehen konnte. Es gibt viele Fotos, wo er vor dem Türchen steht und sich von uns verabschiedet.

Als ich Jahre später wieder in Maria Laach war, um dort an Exerzitien teilzunehmen, habe ich den zuständigen Gastpater gefragt, ob ich dieses Hintertürchen, das ich als Kind immer nur von außen erlebt hatte, einmal von innen sehen dürfe. Bei dieser Gelegenheit sah ich auch die Zelle, in der Vater gelebt hatte.

Schreibtisch in Maria Laach.

Wenn wir Vater in Maria Laach besuchten, wanderten wir viel. Vater hatte mit der Zeit die Gegend sehr gut ausgekundschaftet und unternahm mit uns ausgedehnte Wanderungen, bei denen auch immer Picknick gemacht wurde. In seinem Rucksack hatte er stets eine süße Überraschung für uns, was wir sehr liebten. In dieser Zeit beschäftigte er sich intensiv mit der Natur. Er sammelte Pflanzen im Wald, bestimmte sie und machte Pläne, was er später einmal anpflanzen wollte. Vor allem aber las er sehr viele philosophische und religiöse Bücher, aus denen er Kraft schöpfte, sowie Reisebeschreibungen. Er las auch Rilke, den er mit Stefan George verglich. Hinterher habe ich erfahren, dass er sich intensiv mit den philosophisch-theologischen Schriften des Schweizer Staatsrechtlers Carl Hilty beschäftigte und viel über die menschliche Existenz und deren geistiges Fundament nachdachte. Er war sehr darum bemüht, sich sinnvoll zu beschäftigen, um sich nicht in traurigen Erinnerungen zu verlieren. Gelegentlich bekam er Besuch von einigen besonderen Freunden, bei denen er Rat und Hilfe fand.

In dieser Zeit lief gegen ihn weiterhin das Dienststrafverfahren in Berlin, das er sehr aufmerksam verfolgte, während er seine Verteidigung in Maria Laach minutiös vorbereitete. Er wurde zwar von offizieller Seite nicht regelmäßig unterrichtet, hatte jedoch seine Kundschafter vor Ort und war von Maria Laach aus auch häufiger in Berlin, um in seiner Sache vorstellig zu werden.

Besuch beim Vater in Maria Laach - 1933.

Ich erinnere mich noch gut an ein Weihnachtsfest, das wir zusammen in Maria Laach verbrachten. Unsere Mutter und wir Kinder standen voll bepackt mit Geschenken auf dem Kölner Bahnhof und freuten uns schon darauf, den Vater wiederzusehen. Mehrere Leute, die uns kannten, gingen grußlos an uns vorbei und taten so, als würden sie uns nicht sehen. Eine Schulfreundin meiner Schwester Lotte wurde von ihrer Mutter regelrecht daran gehindert, uns zu begrüßen – wir wurden eindeutig gemieden. Es gab aber glücklicherweise einen Schaffner, der ein Abteil für uns aufschloss, in dem wir alle Platz fanden. Das war für uns wunderbar. Während der ganzen Fahrt sangen wir Weihnachtslieder und studierten Gedichte für die Weihnachtsfeier ein. Meine Mutter schaffte es immer wieder, für eine einigermaßen unbeschwerte Stimmung zu sorgen. Sie gab uns so viel Wärme und Geborgenheit, dass wir uns selbst in dieser schlimmen Zeit nie verlassen fühlten.

Mein Vater freute sich riesig über unser Kommen, hob jeden Einzelnen von uns hoch und war überglücklich über die Zuwendung seiner Familie. Er verbrachte viele Stunden mit uns im Hotel, denn uns Frauen war ja der Zutritt zum Kloster verwehrt. Zur Klausur waren nur Männer und Jungen zugelassen, so dass nur mein Bruder Paul ihn dort besuchen konnte.

Im Hotel schmückten wir einen Weihnachtsbaum, dann kam Vater und wir gingen zusammen mit ihm in die Christmette. Ich bekam eine Puppe, mit der ich für den Rest des Abends völlig beschäftigt war. Vater selbst hat dieses Fest später in einer seiner Weihnachtsansprachen so geschildert:

Ein Weihnachtsfest vor allem kommt mir wieder in den Sinn. Es war ein Weihnachtsfest in der nationalsozialistischen Zeit, als ich aus meiner Heimatstadt vertrieben und verjagt und von einem Jugendfreund, dem Abt des Klosters Maria Laach, aufgenommen war. Ich weiß nicht, ob das nicht das schönste meiner Weihnachtsfeste war. Meine Frau und meine Kinder waren gekommen. Der Christbaum war klein, in einem Hotelzimmer aufgebaut. Es gab nur wenige Geschenke, aber wir, die wir getrennt waren, freuten uns des Zusammenseins, und der Gottesdienst war so ergreifend schön. Er begann am Heilig Abend zehn Uhr in der herrlichen Basilika. Er dauerte bis zwei Uhr nachts. Die alten Metten und Lesungen wurden gesungen und unsere schönen deutschen Weihnachtslieder. Die Kirche war übervoll und aus dem fernen Industriegebiet waren die Menschen gekommen. Alle waren hingegeben dem großen Geheimnis, das gefeiert wurde. Draußen lag Schnee. Es funkelten die Sterne. Eine große wunderbare Stille lag auf Berg und See.

Uns Kindern erschien er in dieser Zeit nie deprimiert oder fassungslos – aber er war es natürlich. In seinen Briefen aus der Zeit, wie dem folgenden an Dora Pferdmenges, kommt seine Stimmungslage recht deutlich zum Ausdruck:

Über dem See ist jetzt die Luft oft ganz silbrig. Eine entzückende Färbung, die Natur ist noch schön, aber so müde, sterbensmüde. Man sieht ihr an, wie gerne sie zur letzten Ruhe geht. Ich finde, dass die Natur im Winter nicht so nach Tod aussieht wie jetzt, wenn die Blätter gefallen sind. Man sieht doch die neugetriebenen Knospen und denkt schon an den Frühling. Ich bin wirklich nicht verzweifelt, wenn ich auch gleichwohl davon überzeugt bin, dass ich niemals wieder mit meiner Zeit und meiner Kraft diese Arbeit bekomme und insofern, wenn man will, eine erledigte Existenz bin. Ich muss deshalb versuchen, aus den vorhandenen Trümmern eine bescheidene Höhle zu errichten. Ob das gelingt, weiß ich auch nicht. Ich hoffe es. Ich hoffe auch, dass ich Freunde finde, die mir dabei helfen. Wenn mir das gelingt und wenn mir dadurch eine kleine Arbeit, die einen noch etwas an das Leben heranbringt, zuteil wird, will ich zufrieden sein. Ich verzweifle also wirklich nicht, natürlich hat man seine kraftlosen Stunden und Tage und ich sage mir, dass es noch schlimmer hätte kommen können und dass andere es auch noch schlimmer haben.
Sie lieben Isolde Kurz sehr. Ich habe in den fünf Monaten, die ich jetzt hier bin, nur ein belletristisches Buch von Josef Konrad gelesen. Auf Ihr Urteil über Spengler bin ich gespannt. Ich habe drei Rezensionen über dieses Buch gelesen, die Inhaltsangabe war in jeder ganz anders. Ich bekomme ihn jetzt geliehen, mal sehen, zu welchem Urteil man kommt. Ich überschätze mich aber wirklich nicht und ich verlange auch nicht zuviel von den Menschen. Vor einigen Tagen hat mich ein ernstzunehmender Journalist besucht und der hat mich gefragt,

ob ich große Enttäuschungen bei Menschen erlitten hätte. Ich habe ihm gesagt, ich hätte wenig von den Menschen erwartet und sei deshalb auch nicht enttäuscht worden. Was nun Schopenhauer angeht, in dem ich, wenn möglich, täglich lese, so ist seine Lektüre wegen ihrer Kälte und Ehrlichkeit eine wahre Wohltat nach all dem verlogenen, unehrlichen Quatsch, den man heutzutage vorgesetzt bekommt. Er hat sicher nicht in allem Recht. Er erkennt meines Erachtens vor allem, dass nicht nur der Verstand, dass auch das Gemüt des Menschen eine reale Tatsache ist. Dass nicht nur das Leid, dass auch das Glück etwas sehr Positives ist, aber in vielem, was er sagt, hat er Recht. Seine Sprache, seine Gedanken sind kalt und klar wie die Winterluft. Im Frost wächst ja nichts, aber es ist wahr, die Kälte tötet doch viele schädliche Bakterien, die sonst wuchern würden.

Ich lese auch öfter in dem von Ihnen mir geliehenen Buch, das oft sehr treffende allgemeine Bemerkungen macht, und in den Briefen Humboldts – und welch verschiedene Welten. Aber Sie haben Recht, man empfindet ein oft dringendes Bedürfnis sich mit Gesetzen und Einrichtungen zu beschäftigen, die jenseits der menschlichen Einwirkungen liegen oder die, weil sie in dem Jenseitigen wurzeln, nicht so den Tageswirkungen unterliegen. Dadurch allein sichert man sich das innere Gleichgewicht, die innere feste Haltung, die man heute nötiger hat denn je. Auf dem Wege allein wird man Herr bleiben und nicht Sklave werden. Leider stehe ich noch nicht über diesen Dingen. Sicher noch nicht sehr fest und dauernd. Ich kann nur sagen, dass ich immer wieder mich bemühe. Es ist ja auch nicht so leicht und es kann ja auch nicht so schnell gehen, wenn man nur immer wieder sich zurechtfindet, darf man hoffen, weiterzukommen. Man bekommt dann auch wieder die Kraft, der Depressionen und Stimmungen Herr zu werden. Ich hoffe es wenigstens.

In diesen schweren Zeiten, in denen er isoliert war, entwickelte er seine geistigen Fähigkeiten weiter, festigte sich in seinen Überzeugungen und bemühte sich darum, innere Stärke aufzubauen, um nicht der Hoffnungslosigkeit anheimzufallen.

„Eine solche Lebenserfahrung prägt, wie ich glaube, einen Menschen ungeheuer stark. Wer gelernt hat, mit solchen Situationen fertig zu werden, ohne an ihnen zu zerbrechen, geht daraus immer sehr viel stärker hervor.“

Er, der vorher immer so stark gewesen war, erlebte sich mit einem Mal als Mensch einsam und schwach. Eine solche Lebenserfahrung prägt, wie ich glaube, einen Menschen ungeheuer stark. Wer gelernt hat, mit solchen Situationen fertig zu werden, ohne an ihnen zu zerbrechen, geht daraus immer sehr viel stärker hervor. Was meinem Vater sicherlich sehr zugute kam, war seine tiefe Gläubigkeit. Er litt als gläubiger Christ, und ich spürte sehr stark, dass ihm sein Glaube an Gott immer wieder half, sich aus tiefster Traurigkeit und drohender Resignation zu befreien.

Mutter mit Georg um 1934.

03

Neubabelsberg

Im Mai 1934 fuhr Vater von Maria Laach nach Berlin, weil dort inzwischen sein Prozess lief und er vor Ort sein musste, um seine Rechte geltend zu machen und den Lebensunterhalt für sich und seine Familie zu sichern. In der Augustastraße in Babelsberg mietete er ein schönes Haus und so zogen wir von Köln nach Berlin. Das große Haus in der Max-Bruch-Straße in Köln wurde geräumt und alle unsere Sachen in einem Möbellager untergestellt. Wir nahmen nur das Allernötigste mit, denn das Berliner Haus war möbliert, weil klar war, dass wir dort nur vorübergehend leben würden.

Auch meine älteren Geschwister, die inzwischen studierten, kamen in den Ferien nach Neubabelsberg. Für uns Kinder begann eine schöne Zeit. In diesen eineinhalb Jahren war mein Vater für mich eigentlich am präsentesten, denn er konnte und durfte ja nichts tun. Daher arbeitete er viel im Garten und beschäftigte sich ansonsten intensiv mit uns.

Mein Bruder Paul baute im Garten Höhlen, in die wir Mädchen aber nicht hineindurften. Als wir unserem Vater unser Leid klagten, sagte er: „Nun gehen wir mal zusammen zu Paul. Mich wird er ja wohl hineinlassen, und ihr kommt einfach mit!" Gesagt, getan – er ging mit uns in den Garten und bat Paul, ihm doch einmal seine Höhle zu zeigen. Und durch diesen kleinen Trick hatten wir Mädchen in Vaters Gefolge nun endlich Zutritt zu Pauls Höhle.

In Berlin wurde ich in die erste Klasse der Grundschule eingeschult. Wie meine Schwester Lotte fühlte ich mich etwas fremd unter meinen Klassenkameraden, von denen uns unser Kölner Dialekt trennte. Auch sonst war vieles anders als gewohnt. Doch in jedem Fall sollte in der Adventszeit der Heilige Nikolaus zu uns kommen, wie wir es von Köln her gewohnt waren. Für uns Kinder war das ein großes Ereignis, welches von den Eltern immer mit besonderer Sorgfalt vorbereitet wurde. Der Nikolaus wusste über alle unsere Sünden Bescheid und ermahnte uns, ordentlicher zu sein, nicht an den Nägeln zu kauen und unsere Hausaufgaben fleißiger zu machen. Das Ganze hatte also immer auch eine erzieherische Komponente.

Wir waren wahnsinnig gespannt und warteten und warteten, aber er kam und kam nicht. Bis mein ältester Bruder Konrad schließlich aufsprang und rief: „Jetzt bin ich es leid!", und mein Vater ihm sagte: „Mach mal die Terrassentür auf, vielleicht möchte er durch den Garten ins Zimmer kommen!“ Woraufhin Konrad sagte: „Wenn es wirklich der Heilige Nikolaus ist, dann kann er auch durch die geschlossene Tür kommen!“ Mein Vater war sehr ungehalten über diese Widerrede, denn er wollte uns kleineren Kindern unseren Glauben an den Nikolaus erhalten. Aber als der Nikolaus dann schließlich kam, fiel ihm, oh Schreck! seine Mitra herunter und wir erkannten einen Freund unseres ältesten Bruders. Fortan war unser Glaube an den Nikolaus doch sehr erschüttert.

Vater im Berliner Tiergarten - 1934.

Unseren Bruder Konrad liebten wir heiß und innig, denn immer, wenn er kam, war etwas Besonderes los. Er hatte einen Hang, uns Kleinen das Gruseln zu lehren. So verkleidete er sich mit einem alten, goldfarbenen Bademantel, setzte sich einen Mob als Perücke und eine Maske auf, gab schreckliche Geräusche von sich und sagte, er sei die Hexe Baubo, die käme immer dann, wenn die Kinder nicht artig seien. Einmal hatte er sich Fastnachtshäufchen besorgt, aus denen glühende Würste herauskamen. Damit kam er in das Badezimmer, als ich gerade in der Wanne saß und geschrubbt wurde. Er machte das Licht aus und nun glühten nur noch die flimmernden Würstchen, wozu er schreckliche Geräusche machte. Wir Kleinen fanden das wahnsinnig spannend, gruselig und aufregend. Als Paul und Lotte sich eines Tages trauten, seinen Schrank zu untersuchen, fanden sie da sowohl den goldenen Bademantel als auch Mob und Perücke. Wir haben diese Requisiten dann feierlich verbrannt, worüber Konrad sehr ärgerlich war, denn damit war dieser Mummenschanz ein für allemal beendet.

Vater machte gerne Quatsch mit uns. Nach dem Essen beispielsweise fing er gern mit uns Kindern ein Kämpfchen an und boxte ein bisschen herum. Dabei drängte er einen manchmal so in die Ecke, dass man ihm wirklich nicht mehr ausweichen konnte. Ich weiß noch, wie ich einmal furchtbar geschrien habe: „Vater, gleich schreie ich so laut, dass alle Nachbarn es hören und kommen. Hilfe! Mein Vater tut mir was!" Da hatte er einen Mordsspaß, lachte und ließ sich überhaupt nicht beeindrucken. Ein-mal habe ich ihm sogar ein Beinchen gestellt, was ihn fast zu Fall gebracht hätte. Das fand er jedoch nicht mehr komisch und sagte warnend: „Jetzt ist aber Schluss, das ist respektlos!"

Gartenfreuden in Neubabelsberg - 1935.

Wenn im Sommer im Garten Waschbütten aufgestellt wurden, in denen wir planschen durften, nahm er gern den Gartenschlauch oder die Gießkanne und spritzte uns mit Wonne nass, das fand er wunderbar. Er wollte immer, dass wir Spaß haben, aber er selbst musste dabei auch seinen Spaß haben. Und andere zu necken, machte ihm einfach Spaß. Das konnte man ja bis zum Schluss in seinem politischen Leben beobachten. Als nach einer Rede im Bundestag der SPD-Vorsitzende Erich Ollenhauer zu ihm sagte: „Herr Adenauer, da lachen ja die Hühner", antwortete ihm Vater ganz souverän: „Na, dann lachen Sie mal!", womit er den ganzen Plenarsaal zum Lachen brachte. Er neckte andere

Leute gern und hatte einen ganz speziellen Humor, der sehr amüsant war.
Wenn Vater jedoch etwas wirklich hasste, so waren es Lügen. Die wurden bei uns streng bestraft. Ich habe manches Mal aus Angst gelogen, doch das wurde eigentlich immer entdeckt – mit den entsprechenden Konsequenzen. Ich erinnere mich an folgende Szene: Wir hatten Besuch gehabt und in einem der Salons stand noch ein Schälchen mit Konfekt. Ich schlich mehrere Male heimlich dort hin und stibitzte mir ein paar Stückchen, was jedoch bemerkt wurde. Auf die Frage, „Wer von euch war da dran?", antwortete ich nichts. Auch als wir einzeln gefragt wurden, blieb ich dabei: „Nein, ich war es nicht." Irgendwie kam schließlich doch heraus, dass ich es war, und es wurde sehr mit mir geschimpft.

Im Juni 1934 kam die Gestapo und verhaftete Vater, weil man ihn verdächtigte, etwas mit dem Röhm-Putsch zu tun gehabt zu haben. Man brachte ihn ins Gefängnis nach Potsdam. Für uns Kinder war das eine entsetzliche Erfahrung. Unsere Mutter war todunglücklich, weil sie tagelang nichts von ihm hörte und andererseits uns Kinder nicht allein lassen konnte, um Nachforschungen anzustellen. Glücklicherweise wurde er bald entlassen, nachdem man festgestellt hatte, dass er in keiner Weise an dem Röhm-Putsch beteiligt gewesen war.

Nach seiner glücklichen Rückkehr erzählte Vater uns, dass er auf dem Weg ins Gefängnis geglaubt habe, jetzt werde er erschossen. Die Gestapo hatte mit ihm plötzlich an einem Waldstück Halt gemacht. In dem Moment habe er gedacht: Wenn die mich jetzt auffordern auszusteigen, ist es um mich geschehen. Aber die Gestapo-Leute wollten ihm offenbar nur Angst einjagen und fuhren nach diesem perfide inszenierten Halt mit ihm weiter.

■

04

Rhöndorfer Tal

Der Prozess ging für meinen Vater so aus, dass er seine Pension zugesprochen bekam. Sie war zwar nicht so hoch wie ihm eigentlich zustand, aber doch hoch genug, dass wir damit über die Runden kamen. Im schönen Tal in Rhöndorf mietete er nun ein Haus, das drittletzte vor dem Wald. Hinter unserem Haus ging ein Türchen im Zaun direkt in den Wald.

Durch das Tal floss der Rhöndorfer Bach, der damals noch nicht reguliert war. Im Winter, wenn er über die Ufer trat und das Wasser fror, bot er uns eine wunderbare Rutschbahn. Im Sommer ließen wir dort Schiffchen schwimmen oder bauten Staudämme. In Rhöndorf erlebte ich die schönste Zeit meiner Kindheit, weil wir dort so frei waren. Das Haus war sehr einfach gebaut, aus den Ritzen von Lottes und meinem Zimmer kamen im Sommer fliegende Ameisen. Auf dem Kleiderschrank des Zimmers, in dem ich Mittagsschlaf halten musste, standen die Einmachgläser.

Seit Vater in Maria Laach gewesen war, interessierte mein Bruder Paul sich sehr für das Leben als Mönch und war schon damals fest entschlossen, Priester zu werden. Für mich hatte diese Vorstellung etwas Erschreckendes, da ich Angst hatte, meinen Bruder zu verlieren.

In einem Hohlraum unter der Terrasse richtete Paul sich eine Kapelle ein und inszenierte dort die Heilige Messe. Wir waren die Messdiener und mussten zur rechten Zeit das Glöckchen läuten. Wenn wir etwas falsch machten, bekamen wir auch mal eine ganz unpriesterliche Ohrfeige. Die Kommunion bestand aus Teilen einer großen Oblate, die unter einer Marzipantorte geklebt hatte, die Vater geschenkt bekommen hatte. Das war für uns etwas ganz Kostbares, an

Rhöndorf ist ein Stadtteil von Bad Honnef in Nordrhein-Westfalen. Auf dem Bild vorn die Kirche St. Mariä Heimsuchung zu sehen.

das wir sonst nicht so ohne Weiteres herankommen konnten. Paul benutzte auch den Bomm, das Messbuch der Mönche von Maria Laach, und bestimmte unser Tischgebet – so flossen seine religiösen Übungen in unser Familienleben ein.

In Rhöndorf stellten meine Eltern für uns vier Kinder wieder eine Erzieherin ein. In unserer Kölner Zeit hatte uns Luise Raskin betreut, eine wunderbar warmherzige Frau, die wir sehr liebten. Nun war es Maria Schwab-Lohmer, eine feine junge Frau, die mit uns Schularbeiten machte und außerdem unserer Mutter im Haushalt half.

Rhöndorf war eine kleine Welt für sich, in der wir Kinder uns sicher fühlten. Meine ältere Schwester Ria, die damals schon in Heidelberg Sprachen studierte, schickte uns immer, wenn sie nach Rhöndorf kam, in ein Lädchen, in dem wir für sie Zigaretten kaufen mussten. Dafür bekamen wir von ihr einen Groschen als Belohnung, mit dem wir uns dann in einem anderen Lädchen rosa oder grüne Seidenkissen-Bonbons kauften, die innen mit Karamell gefüllt waren. Man bekam sie einzeln abgezählt in einem Tütchen und wir liebten sie über alles!

Es gab auch einen Kolonialwarenladen, bei dem unsere Mutter per Telefon bestellte. Einmal die Woche kam ein junger Mann mit einem großen Korb, brachte die Lebensmittel in die Küche und kramte aus der letzten Ecke seiner Hosentasche ein uneingepacktes Bonbon heraus, das natürlich voller Fussel war, aber trotzdem köstlich schmeckte!

Was ich an unserem Leben in diesem kleinen Rhöndorf liebte, war, dass wirklich jeder jeden kannte, man kannte zum Teil auch die Schicksale der Menschen und konnte auch jeden um Hilfe bitten. Wir schauten dem Metzger Kornab zu, wenn er das Vieh in den Schlachthof trieb. Wir hörten auch das Gebrüll, wenn die Tiere geschlachtet wurden, aber das war einfach ein normaler Bestandteil unseres dörflichen Lebens. Wir kannten die Wäscherei, in der die Kragen von Vaters Hemden gestärkt wurden, weil wir sie selbst dort hinbrachten. Ich habe auch beim Schuster gesessen und ihm zugeguckt, wie er unsere Schuhe flickte. Und natürlich kannten wir die Friseuse im Ort, zu der die Mutter manchmal ging, und mit schrecklich verbrannten Haaren wieder nach Hause kam.

Jedes Mal, wenn ich in Rhöndorf durch das Tälchen zum Friedhof gehe, kommen mir wieder die Erinnerungen an die damalige Zeit: Wir hatten so viele Spielkameraden, dass ich in fast jedem zweiten Haus jemand nennen konnte, den wir kannten. Wir guckten, welche Nachbarn die schönsten Kinderwagen hatten. Deren Babys fuhren wir dann spazieren – es ging uns weniger um die Babys als um den Kinderwagen! Der Kontakt war völlig locker, die Nachbarkinder besuchten uns und auch wir gingen in die verschiedenen Häuser und lernten dort ganz andere Verhältnisse kennen, als sie bei uns herrschten, was für uns aber sehr gut war. Standesdünkel kannten wir nicht – ganz im Gegenteil: Wir waren ja aus Köln und Berlin nur Ablehnung gewöhnt und waren froh, dass diese Menschen uns überhaupt akzeptierten und normal mit uns umgingen.

„Wir waren aus Köln und Berlin nur Ablehnung gewöhnt und waren froh, dass diese Menschen uns überhaupt akzeptierten und normal mit uns umgingen.“

Unser Leben war wunderbar bis zu jenem fatalen Tag, an dem der Schützenverein dem Vater eine Freude machen wollte und ihn fragte, ob man ihm ein Ständchen bringen dürfe. Vater hatte nichts dagegen und sagte, das würde ihn sehr freuen, und so zog der Schützenverein im Sommer in unseren Garten und spielte den Badenweiler Marsch. Dann bekamen die Musikanten ein Schnäpschen und ein bisschen Geld und zogen wieder ab. Wir ahnten nicht, dass mit diesem harmlosen Spektakel unser beschauliches Leben abermals eine dramatische Wende erfahren sollte.

■

VORTEIL
CENTER

Verbannung des Vaters nach Unkel

Der Badenweiler Marsch war der Lieblingsmarsch von Hitler, und die Gestapo fasste es als Provokation auf, dass der Vater sich diesen Marsch gewünscht hatte. Kurz darauf wurde er erneut verhaftet, aus dem Regierungsbezirk Köln ausgewiesen und nach Unkel am Rhein verbannt, dem übernächsten Ort hinter Bad Honnef. Dort wohnte er dicht am Rhein in einem Erholungsheim für pensionierte Lehrer. Da wir schon lange kein Auto mehr hatten, fuhren wir häufig mit dem Fahrrad dorthin.

„Es stellte sich heraus, dass er in seiner freien Zeit, wovon er mehr hatte als ihm lieb war, immer die andere Rheinseite beobachtet und gesehen hatte, dass dort alle paar Minuten ein Personen- oder Güterzug vorbeifuhr, rheinauf- oder abwärts."

Als Lotte und ich den Vater dort besuchten, fiel uns ein weißer Porzellanknopf in seinem Zimmer auf. Als wir fragten, wofür der sei, sagte er: „Drückt mal drauf und dann guckt auf die andere Rheinseite." Als wir dies taten, sahen wir plötzlich auf der anderen Rheinseite einen Zug vorbeifahren. Dieses Spiel wiederholte sich monatelang bei unseren Besuchen, so dass wir fest davon überzeugt waren, dass der Vater per Knopfdruck einen Zug vorbeifahren lassen konnte. Aber eines Tages kam kein Zug, was uns sehr enttäuschte.

Auch heute kann man die Bahnlinien auf der anderen Rheinseite gut sehen.

Lotte, die drei Jahre älter war als ich, kam sehr schnell hinter den Schwindel.

„Das stimmt ja gar nicht“, rief sie aus, „du kannst gar keine Züge auf Knopfdruck fahren lassen!“ Es stellte sich heraus, dass er in seiner freien Zeit, wovon er mehr hatte als ihm lieb war, immer die andere Rheinseite beobachtet und gesehen hatte, dass dort alle paar Minuten ein Personen- oder Güterzug vorbeifuhr, rheinauf- oder abwärts. Daher konnte er sagen: „Drückt auf den Knopf, dann kommt ein Zug“, weil er fast sicher sein konnte, dass tatsächlich immer irgendein Zug kam.

„In Unkel habe ich meinen Vater sehr traurig erlebt. Vor allem an trüben Novembertagen, wenn er am Hochwasser führenden Rhein entlang ging, war er oft sehr unglücklich und sagte, er sei fast hoffnungslos, wie es weitergehen sollte.“

Vater durfte auch an den Wochenenden nicht nach Hause kommen und war somit regelrecht von uns abgesondert. Mein Bruder Paul, der damals im Aloisius-Kolleg in Godesberg zur Schule ging, fuhr in Königswinter mit der Fähre über den Rhein, machte bei meinem Vater in Unkel die Schularbeiten und kehrte dann nach Rhöndorf zurück. Es waren immer weite Wege, oft bei Wind und Wetter.

In Unkel habe ich meinen Vater sehr traurig erlebt. Vor allem an trüben Novembertagen, wenn er am Hochwasser führenden Rhein entlang ging, war er oft sehr unglücklich und sagte, er sei fast hoffnungslos, wie es weitergehen sollte. Es gab gar keine Aussicht, dass sich das je ändern würde. Später hat er in einem Interview diese Zeit so beschrieben:

Wenn man so viel allein ist, wie ich es dort sein mußte, dann denkt man doch sehr viel darüber nach, was in der Welt vorgeht und was sich wohl alles ereignen würde. Als einen der schlimmsten Tage dort habe ich den Buß- und Bettag, den 17. November 1935, in Erinnerung. Es regnete von morgens früh bis abends spät. Mein Fenster ging auf den Strom heraus, der führte Hochwasser und sah trostlos aus. Die Zukunft stand grau in grau vor mir, die Zukunft Deutschlands und die Zukunft meiner Familie. Da kam mir ein Buch, das ich mir mitgebracht hatte, der ‚Taifun' von Joseph Conrad, einer meiner liebsten Schriftsteller, in die Hand. Ich las es am Nachmittag dieses Tages und las über den Kampf, den der Kapitän mit dem Sturm führte. Ich las, daß der Kapitän ihn nicht durch seine Klugheit, sondern durch Geduld und Ausdauer bestand. Das Buch hat mich getröstet und meine Hoffnung neu belebt. Ich habe in den folgenden Jahren noch wiederholt in ganz schlechten, schwierigen Situationen nach ihm gegriffen.

Wenn er in düstere Stimmungen verfiel, verstand es meine Mutter meistens, ihn aufzuheitern und abzulenken, indem sie ihm von uns Kindern erzählte – und da gab es ja immer genügend Erzählstoff.

■

Unsere Familie vor dem Haus in der Löwenburgstraße 76.

06

Rhöndorf – Fauler Berg

Im August 1936 stand Deutschland im Blickpunkt der Welt, denn in Berlin fand die Olympiade statt, zu der viele Gäste aus dem Ausland strömten. Hitler fühlte sich anscheinend so sicher im Sattel, dass er seine Gegner und diejenigen, von denen er glaubte, dass sie ihm gefährlich werden konnten, nachsichtiger behandelte. So wurde auch die Verbannung meines Vaters wieder aufgehoben und er kehrte zu uns nach Rhöndorf zurück.

Mit dem Geld, das er durch den Verkauf des Kölner Hauses erlöst hatte, erwarb er in Rhöndorf ein Grundstück, einen alten Weinberg. Auf dem so genannten „Faulen Berg" begann er nun ein Haus zu bauen, in dem er bis zu seinem Tode lebte. Der Bruder meiner Mutter, Ernst Zinsser, war Architekt in Hannover und zeichnete für ihn die Pläne. Die Mittel für den Bau bekam er von einem amerikanischen Freund, der in Brüssel lebte, geliehen. Hinterher sagte dieser Freund ihm jedoch, er brauche ihm das Geld nicht zurückzugeben, weil er glaubte, dass der Vater keine Aussichten hatte, je wieder Geld zu verdienen.

Der Hausbau im Jahr 1937.

Mit dem Bau dieses Hauses war er 1937 erst einmal voll beschäftigt. Er kümmerte sich um jedes Detail und strapazierte sicher oft die Geduld seines Schwagers, weil er immer wieder Änderungswünsche hatte. Auch den Garten legte er nach eigenen Plänen an. Er pflanzte Blumen und plante Mäuerchen im Steingarten. Dafür brauchte er viele Steine – aber nicht irgendwelche Steine, sondern solche vom Rhein! Also ging er mit uns an den Rhein und türmte die Steine, die dort lagen, zu großen Haufen auf. Wir Kinder mussten sie dann mit dem Bollerwagen abholen und mit ihnen durchs Dorf zu unserem Haus fahren, wo er sie im Garten verarbeitete. Wir liebten diese Aktionen, wenn Vater wieder Steine brauchte, und fanden es wunderbar, mit ihm und unserem Rottweiler namens Rolf loszuziehen.

Im Garten gab es viele Obstbäume und Beerensträucher, die wir ernten mussten, sowie einen Gemüsegarten, den meine Mutter versorgte, doch auch hier mussten wir Kinder immer mithelfen. Wir hatten jeder unser eigenes Beet, in dem wir Radieschen oder andere erfolgssichere Gemüsesorten anbauten. Außerdem zogen wir los und sammelten Brennnesseln, die wie Spinat gekocht wurden und sehr gesund waren, sowie Kräuter für unser Milchschaf, das Vater angeschafft hatte. Während des Krieges sollte sich diese Investition noch als wahrer Segen erweisen. Da ich dazu auserkoren wurde, zu melken, nahm ich bei einer Nachbarin, die auch Schafe hatte, Melkunterricht und war fortan verantwortlich für „Nelke", wie unser Schaf hieß. Sie gab genug Milch, dass wir vier Kinder davon jeden Morgen einen Teller Haferschleim bekommen konnten. Wir mochten ihn nicht besonders, zumal er oft angebrannt war, aber da gab es kein Pardon, er musste gegessen werden, damit wir, wie es hieß, morgens eine gesunde Basis hatten.

„Wir hatten jeder unser eigenes Beet, in dem wir Radieschen oder andere erfolgssichere Gemüsesorten anbauten. Außerdem zogen wir los und sammelten Brennnesseln, die wie Spinat gekocht wurden und sehr gesund waren."

Es gab auch ein Gewächshaus, in dem mein Vater die Pflanzen für das Gemüse zog und in das im Winter die Feigenbäume untergestellt wurden. Hinter dem Haus stand ein Holzschuppen, in dem die Äpfel, die wir geerntet hatten, gelagert wurden. Vater ging häufig dort hin, um angefaulte Äpfel auszusortieren, die dann zu Kompott oder zu Apfelpfannkuchen verarbeitet wurden. Ich kann mich nicht erinnern, dass wir jemals einen richtig schönen gesunden Apfel bekommen hätten, deshalb haben wir uns ab und zu mal einen aus dem Schuppen stibitzt, denn wir hatten sehr gut schmeckende Goldparmänen und Cox Orange.

So konnten wir uns während des ganzen Krieges durch den Garten, unser Schaf und die Lebensmittelkarten ernähren. Es gab zwar nicht mehr alles und die Ernährung war knapp, aber gehungert haben wir nie. Es war eine schöne Zeit, in der ich vor allem meine Mutter sehr intensiv erlebte. Sie war immer fröhlich und wusste stets einen Ausweg, auch wenn Vater gelegentlich deprimiert und launisch oder mit seinen Gedanken ganz woanders war.

Im Gegensatz zu meinem Vater, für den das überhaupt nicht in Frage kam, liebte meine Mutter es auch sehr, mit uns ins Kino zu gehen. Wir vier Kleinen fuhren dann mit ihr in der Straßenbahn nach Bonn. Meistens suchte sie eine Folge von „Pat und Patachon" aus.

Vor dem neuen Haus: Mia Weyer (Schwester der ersten Frau meines Vaters), Lotte mit Georg, Vater, Paul, Mutter und Max - 1938.

Wir amüsierten uns dabei immer köstlich. Mutter konnte so herzhaft lachen! Wir waren alle fröhlich, eine richtig gute Gemeinschaft, und noch in der Straßenbahn amüsiert und erheitert von unserem Kino-Erlebnis. Wenn wir zu Hause allerdings versuchten, dem Vater alles zu erzählen und ihn in diese fröhliche Atmosphäre mit einzubeziehen, kam von ihm in solchen Situationen immer ein leichter Dämpfer. Da wurden wir sehr schnell wieder kleinlaut. Er mochte es nicht, wenn wir fröhlich waren und er daran nicht teilnehmen konnte, aus welchen Gründen auch immer.

Dieses Phänomen ist mir sehr in Erinnerung geblieben: Wenn wir total erfüllt von etwas nach Hause kamen, konnten wir das beim Vater eigentlich nie loswerden, bei der Mutter dagegen immer.

In Rhöndorf ging ich zunächst in die Volksschule, die zweigliedrig war. Es gab einen Lehrer und eine Lehrerin. Beide benutzten Rohrstöcke, um ihre Schüler wach zu halten oder zu bestrafen. Die cleveren größeren Jungen stopften sich dicke Bücher in den Hosenboden, wenn sie vor die Klasse treten und ihre Strafe entgegennehmen mussten. Dann mussten sie sich über das Pult beugen und bekamen Stockhiebe auf das mit Büchern abgepufferte Hinterteil. Die Mädchen bekamen mit dem Rohrstock eins auf die Handflächen. Meine schwere Jugend!

1938, nach der dritten Klasse, wechselte ich in die Klosterschule der Franziskanerinnen auf der Rheininsel Nonnenwerth. Die Schule sollte jedoch während der Nazizeit sukzessive von oben und unten abgebaut werden, wobei als erstes die Oberprima (13. Klasse) und die Sexta (5. Klasse) geschlossen werden sollten. Um vorher noch die Sexta absolvieren zu können, wurde ich bereits nach dem dritten Schuljahr dort eingeschult, zunächst als externe Schülerin. Doch mit der Zeit wurde das zu anstrengend, denn ich musste immer mit der Fähre übersetzen, die jedoch bei Hochwasser nicht fuhr. So wurde ich schließlich Internatsschülerin in Nonnenwerth. In der Franziskanerschule in Honnef, in die Lotte ging, war die Sexta bereits geschlossen worden, sodass ich dort nicht mehr starten konnte.

„So wurde ich schließlich Internatsschülerin in Nonnenwerth. In der Franziskanerschule in Honnef, in die Lotte ging, war die Sexta bereits geschlossen worden, sodass ich dort nicht mehr starten konnte.“

Ich freute mich immer sehr über Post und Pakete von zu Hause, die aber viel zu selten kamen. Daher schrieb ich mir, wenn ich alle vierzehn Tage übers Wochenende nach Hause kam, manchmal selbst eine Karte! Im Internat wurden diejenigen, die Post hatten, immer namentlich aufgerufen, da war man überglücklich, und da ich das so selten erlebte, half ich mir eben auf meine Art.

Der Tagesablauf zu Hause war meistens fest eingeteilt. Vater konnte es nicht ertragen, wenn wir an den Wochenenden oder in den Ferien länger als bis halb acht in den Betten blieben, weil er der Meinung war, man müsse seinen Tag gestalten und könne nicht einfach so in ihn hineinleben. Er selbst stand früh auf, denn seit einem schweren Autounfall während seiner Zeit als Kölner Oberbürgermeister litt er unter Kopfschmerzen und Schlafstörungen. Morgens in aller Frühe machte er sich eine Tasse starken Nescafé und setzte sich damit in sein Arbeitszimmer, um Briefe zu schreiben oder Unterlagen durchzuarbeiten.

Uns teilte er eine Arbeit im Garten zu oder ließ uns ein Diktat üben. Für solche Zwecke hatte er in einer Ecke seines Arbeitszimmers extra einen kleinen Tisch stehen. Ich sehe mich da noch lateinische Vokabeln pauken oder Rechenaufgaben lösen. Wenn Vater einen in sein Arbeitszimmer rief, war das immer ein bisschen unangenehm.

Georg, Paul, Lotte und ich in Rhöndorf (v.l.n.r.) - 1938.

Meistens igelte sich Vater jedoch in seinem Arbeitszimmer regelrecht ein. Unaufgefordert gingen wir nie zu ihm hinein, das war tabu. Er beschäftigte stundenweise eine Frau aus dem Dorf, die für ihn Briefe schrieb, denn er unterhielt eine rege Korrespondenz mit Freunden und politischen Weggefährten sowie wegen seiner Verfahren, die immer noch nicht abgeschlossen waren.

In dieser Zeit (1938/1939) beschäftigte er sich auch viel mit seinen Erfindungen und korrespondierte mit dem Patentamt. Auf dem Speicher standen mehrere Holzkästen mit Mehlwürmern, die er züchtete, weil er hoffte, mit ihrer

Hilfe Ungeziefer zu vertreiben. Das war für uns natürlich alles höchst spannend. Und weil er so viel im Garten arbeitete und es damals noch keine Wassersprenger gab, konstruierte er kurzerhand einen Gießkannenkopf, bei dem eine Klappe aufging, sodass mehr Wasser herauskam.

Als er sah, wie meine Mutter abends, wenn wir alle im Wohnzimmer zusammensaßen, mit dem Stopfen von Strümpfen beschäftigt war, erfand er zu ihrer Erleichterung ein beleuchtetes Stopfei. Meine Mutter war darüber aber gar nicht erfreut und sagte: „Das werde ich nie benutzen, denn dann sehe ich ja noch viel mehr dünne Stellen, die gestopft werden müssen, und werde überhaupt nicht mehr fertig!"

Die Familie beim Kaffeetrinken - 1940.

Wir hatten zu Hause drei alte Standuhren, eine im Flur, eine im Esszimmer und eine im Wohnzimmer, die regelmäßig aufgezogen werden mussten. Das war eine heilige Handlung, die nur mein Vater vollzog. Er kannte in Bad Honnef einen pensionierten Geistlichen, der ein Uhrenfan war und zu uns kam, um die Uhren zu reparieren, wenn sie vor- oder nachgingen. Ich fand es immer sehr beeindruckend, wie intensiv Vater sich mit seinen Uhren beschäftigte, und ich habe bis heute eine Liebe zu Standuhren.

Zum einen war es sicher die Zeit als solche, die ihn faszinierte und die er ja immer bemüht war gut zu nutzen. Aber auch das Schlagen der Uhren war für ihn ganz wichtig. Er hätte es zu gerne gehabt, dass sie alle drei zur gleichen Zeit geschlagen hätten, aber das hat nie funktioniert. Auf jeden Fall habe ich dieses Ticken von Wanduhren von frühester Kindheit an in mir, sodass mir direkt etwas fehlen würde,

wenn ich es nicht hören würde. Meine eigene Biedermeier-Standuhr, die mein Vater mir zur Verlobung geschenkt hat, muss auch immer genau gehen, da bin ich ganz eisern.
Es gab eine kleine Episode, die sich oft wiederholte. Wenn wir bei Tisch saßen, hieß es immer: „Gerade halten, ihr müsst euch so hinsetzen, dass hinter euch noch ein Hündchen Platz findet. Ihr dürft euch nicht so durchsacken lassen.“ Wenn Vater vom Essen aufstand, um irgendetwas zu holen, schubste er uns im Vorbeigehen kurz in den Rücken, damit wir uns wieder gerade hinsetzten. Das war ihm sehr wichtig. Er selbst ging oft mit einem zwischen die Ellenbogen geklemmten Stock spazieren, um seine Schultern hinten zu halten und sich auf diese Weise zu zwingen, gerade zu gehen.
In der Tat hatte er eine wunderbar aufrechte Haltung, die er bis an sein Lebensende beibehielt und die ihm auch seine charakteristische Ausstrahlung gab. Er sprach oft darüber, dass man mit seinem Körper gut umgehen und sich sehr bewusst ernähren müsse, mit kleinen Mahlzeiten. Man solle nicht so viel auf einmal essen, sondern lieber öfter mal etwas zwischendurch. Er nannte das „hygienisch leben“, ein Ausdruck, der uns sehr beeindruckte.

„Zum einen war es sicher die Zeit als solche, die ihn faszinierte und die er ja immer bemüht war gut zu nutzen. Aber auch das Schlagen der Uhren war für ihn ganz wichtig. Er hätte es zu gerne gehabt, dass sie alle drei zur gleichen Zeit geschlagen hätten, aber das hat nie funktioniert.“

Während meine Mutter gerne Fahrrad fuhr und mit uns Kindern ausgedehnte Fahrradtouren, zum Beispiel in den Westerwald, unternahm (wofür sie irgendwann vom Vater ein Vélosolex bekam, der Spitzname dafür war „Maria-Hilf-Motor”), fuhr er selbst jedoch nie mit. Ich habe meinen Vater nie auf einem Fahrrad gesehen. Ich glaube, er konnte gar nicht Fahrrad fahren. Stattdessen machte er in Rhöndorf jeden Tag seine Spaziergänge. Dabei schlenderte er nicht, sondern marschierte richtig. Auch das gehörte für ihn zum „hygienischen Leben".

***

Vater liebte Gesellschaftsspiele wie Monopoly; aber am allerliebsten spielte er Pfuschen. Darin war er ein wahrer Meister! Er versteckte seine Karten gern hinter den Sofakissen und hatte einen Mordsspaß an diesem Spiel, mit dem wir uns alle stundenlang mit großer Begeisterung beschäftigten. Später fand unsere Mutter die von uns versteckten Karten an den merkwürdigsten Orten wieder.

Außerdem gab es noch ein schönes Spiel, wir nannten es „Stibitzen", das wir am lang ausgezogenen Tisch im Esszimmer spielten – auf dem blanken Holz, es durfte keine Decke darüber liegen. Wir bildeten zwei Parteien, die sich gegenübersaßen, dann fing eine Partei an, ein Zwei-Mark-Stück untereinander so unter dem Tisch zu verkungeln, dass die andere Partei nicht sah, wer das Geldstück bekam. Derjenige steckte es sich nun in die Falte zwischen Daumen und Zeigefinger und machte eine Faust, damit das Geldstück nicht zu sehen war. Wenn die andere Partei sagte: „Hände auf!", mussten alle die Hände auf den Holztisch legen, und bei „Hände runter!", die Hände ausstrecken. Manchmal klimperte das Zwei-Mark-Stück dann gleich herunter oder der Besitzer hatte so viel Mühe, es zu halten, dass seine Hand schon ganz verkrampft wirkte. Die Partei, die raten musste, wer das Geldstück hatte, sagte dann: „Die Hand kann weg" oder „der hat's in seiner linken Hand auch nicht, die kann auch weg". Vater war der absolute Meister im Raten, er schaute sehr genau hin und sagte dann: „Die Hand sieht so komisch aus, guck mal, der kneift die so zusammen, ich sag jetzt einfach mal: ‚Stibitz!'" Daraufhin musste der Betreffende seine Hand öffnen, und siehe da, meistens hatte Vater recht. Es brachte mehr Punkte, wenn man den Halter des

Geldstücks auf Anhieb erriet. Es kam aber auch vor, dass man falsch lag, dann verschwanden die Hände wieder unter den Tisch, und die andere Partei hatte die Punkte gemacht. Dieses Spiel mochte Vater zu gern.

Manchmal forderte er uns Kinder auch auf, ganz schnell hintereinander irgendwelche Zungenbrecher zu sprechen wie: „Fischers Fritz fischt frische Fische, frische Fische fischt Fischers Fritz.“ Oder: „In Ulm, um Ulm und um Ulm herum.“ Wer das fünfzig Mal hintereinander ohne zu stocken aufsagen konnte, bekam von ihm einen oder zwei Groschen. Das Ergebnis war, dass jedes Kind für sich mit zugehaltenen Ohren in einem Sessel lag, das Gesicht in die Polster gepresst, um nicht gestört zu werden, und aus allen Ecken Gemurmel zu hören war. Wenn wir unsere Sprüche aufsagten, passte Vater sehr genau auf. Wir schafften es eigentlich nie, weil es einfach zu schwierig war. Irgendwann mussten wir lachen und dann war es schon aus. Wenn es aber doch mal einer von uns schaffte, kamen die Groschen sofort in ein Sparschwein, von denen jedes von uns Kindern eines besaß.

„Manchmal forderte er uns Kinder auch auf, ganz schnell hintereinander irgendwelche Zungenbrecher zu sprechen.“

***

Vater hielt uns alle sehr zur Sparsamkeit an. Ob ich in der Rhöndorfer Zeit Taschengeld bekam, erinnere ich nicht mehr, vermutlich ein wenig, um Schulsachen zu kaufen, aber der Rest landete immer in der Spardose.

Mein Bruder Paul, der sich gern etwas dazuverdienen wollte, putzte für die ganze Familie die Schuhe. Er ging auch an den Bahnhof und fragte ältere Leute, die ausstiegen, ob er ihnen die Taschen nach Hause tragen dürfe. Er sagte ihnen jedoch vorher nicht, dass er dafür Geld haben wolle, sondern wartete ab, dass sie ihm von sich aus etwas für seine Dienste gaben, und war dann ganz selig. Auf diese Weise lernte er auch Familie von Petersdorf kennen, die später zu dem literarischen Zirkel meiner Eltern gehörte.

Wir wurden ziemlich spartanisch erzogen. Ich erbte fast alles von meiner Schwester Lotte – von den Kleidern bis zu den Stiefeln. Heute würde wohl keiner auf die Idee kommen, getragene Schuhe zu vererben, aber damals war man sehr sparsam. Einmal bekam ich ein ganz neues Dirndlkleid, es war rot mit schwarzen Figürchen darauf, dazu eine blaue Schürze. Ich war unglaublich stolz auf dieses Outfit, bin aber dennoch mit diesem Kleid auf einen Baum geklettert und hatte sehr schnell einen Riss darin, so dass meine Mutter sagte: „Dir kann man wirklich nichts Neues anziehen, denn du machst es ja sofort kaputt." Das Dirndl wurde dann natürlich wieder zurechtgeflickt.

„Wir wurden ziemlich spartanisch erzogen. Ich erbte fast alles von meiner Schwester Lotte – von den Kleidern bis zu den Stiefeln."

Wir trugen übrigens auch täglich Schürzen, um unsere Sachen zu schonen. Wenn wir aus der Schule kamen, zogen wir unsere Schulschürzen aus und stattdessen die Hausschürzen an, das gehörte sich einfach so!

Vom Vater wird behauptet, er habe seine Schuhe getragen, bis sie durchgelaufen waren – das sind Geschichten, die ich nicht bestätigen kann. Auf jeden Fall aber trug er eigentlich immer seine Sachen auf, die er in seiner Kölner Zeit von seinem Schneider Dannesch hatte machen lassen. Der Nachfolger dieses Schneiders kam ab und zu nach Rhöndorf und änderte etwas für den Vater. Ich kann mich nicht entsinnen, dass er jemals etwas Neues für ihn anfertigte.

Wenn Vater aus dem Haus ging, zog er sein Anzug-Jackett an. Sobald er aber wieder zu Hause war, tauschte er es, um seinen guten Rock zu schonen, als Erstes gegen sein Hausjackett aus Ziegenhaar, das im Badezimmer hing. Meine

Mutter hatte in Bonn eine Schneiderin, die ihr gelegentlich ein neues Kleid anfertigte, worüber sie sich immer sehr freute, aber das war eher sehr selten.

Während unserer Rhöndorfer Zeit hatte Vater ja nicht viel Geld und musste von seinen Ersparnissen leben. Mutter führte ein genaues Haushaltsbuch, in dem sie alle Ausgaben notierte. Das habe ich von ihr übernommen, weil es mich immer sehr faszinierte, wie sie das machte, und ich es als sehr sinnvoll empfand. Dadurch bekommt man eine Vorstellung davon, was wie viel kostet und wo das Geld überhaupt bleibt. Auf diese Weise sieht man auch, wo man Wunschkäufe getätigt hat. Mutter schrieb zwar alles auf, aber es war oft so vielerlei, dass sie vergaß, wofür sie das Geld ausgegeben hatte. Dann schrieb sie einfach: „Sonstiges – 8 Mark 30“. Das waren dann die undefinierbaren Posten.

Über Geld wurde bei uns zu Hause eigentlich nie gesprochen. Wir wussten nur, es war nicht genug da und daher musste immer gespart werden. Einmal jedoch hörte ich, wie meine Eltern sich unterhielten und die Mutter, die das Sparkassen-Konto verwaltete, sagte: „Unser Konto ist leer, das geht nicht.“ Daraufhin habe ich mich nachts schlaflos mit Gedanken gewälzt und mir große Sorgen gemacht.

Während des Krieges hingen auf unserer Toilette statt Toilettenpapier, das es nicht mehr gab, für uns Kinder kleingeschnittene Zeitungen. Ich kann mich noch gut erinnern, dass ich dort eines Tages einen Schnipsel aus dem Wirtschaftsteil entdeckte, auf dem die Aktienkurse standen. Von da an begann ich diese Seite immer sorgfältig zu studieren. Außerdem erkundigte ich mich vorsichtig danach, welche Aktien der Vater besaß und wie die denn ständen. Auf kindliche Art trug ich so die finanziellen Sorgen meiner Eltern mit, die mich sehr bedrückten, obwohl ansonsten nie über Geld gesprochen wurde.

Vater und Mutter, Max auf Fronturlaub - 1942.

07

Kriegszeit

Kurz vor Kriegsausbruch reisten meine Eltern noch einmal in die Schweiz, nach Chandolin, einem Dorf im Wallis, das etwa 2000 Meter hoch in den Bergen liegt. In dem wunderschön von Alpenrosen und Kiefern umgebenen Hotel Pont waren wir früher schon häufiger alle zusammen gewesen. Wir bekamen stets dieselben Zimmer und für meinen Vater stand immer ein nur für ihn reservierter Korbliegestuhl bereit.

Während dieser Zeit wohnte eine Kusine der ersten Frau meines Vaters bei uns, um auf uns aufzupassen. Als sie hörte, dass der Krieg ausgebrochen sei, wurde Tante Mia sehr ängstlich und schickte uns sofort ins Dorf, um Hamsterkäufe zu tätigen. Also haben wir Wolle, Schreibhefte, Seife und ich weiß nicht was noch alles gekauft.

1939 wurde mein ältester Bruder Konrad eingezogen und ging nach Norwegen. Kurz darauf wurde auch Max eingezogen, um am Polenfeldzug teilzunehmen. Konrad, Max und Ria hatten inzwischen geheiratet. Gisela und Lola, die Frauen von Max und Konrad zogen später zu uns nach Rhöndorf, weil sie in Köln und Aachen ausgebombt worden waren. Lola bekam während des Krieges zwei Kinder.

1941 kamen von Max, dem ich viel geschrieben hatte, plötzlich Briefe zurück mit der Aufschrift: „Fürs Vaterland gefallen". Als ich den ersten Brief mit diesem Stempel in den Händen hielt, war ich total schockiert. Gott sei Dank stellte sich alles aber sehr schnell als ein Irrtum heraus, denn er lag verwundet im Lazarett, wo meine Eltern ihn dann bald besuchten.

Da in Nonnenwerth inzwischen der Abbau der Klassen abgeschlossen war und auch meine Klasse nicht mehr weitergeführt wurde, wechselte ich in der Obertertia auf eine Schule nach Bonn. Meine Schwester Lotte war einige Klassen über mir auf derselben Schule, zu der wir täglich mit der Straßenbahn fuhren.

Dort begann für uns kurz darauf die Tanzschule, an deren Abschlussball jedoch nur meine Mutter teilnahm, mein Vater nicht.

***

Wenn wir Nachschub an Kohle für unsere Heizung brauchten, wurde diese immer in Säcken von drei hintereinander gehenden Eseln, die man zu diesem Zweck mietete, den Berg zu unserem Haus hochgebracht. Wir, vor allem mein jüngster Bruder Schorsch und ich, mussten dann die Kohlen durch ein Fenster in den Keller schaufeln. Das war eine Mordsarbeit. Später wurden die Kohlen durch Briketts ersetzt, was noch unangenehmer war, weil sie so staubten.

Irgendwann gab es in den Leitungen kein Wasser mehr, sodass wir Kinder das Wasser für die ganze Familie mit einem Bollerwagen, auf den zwei Weck-Kessel passten, aus dem Dorfbrunnen holen mussten. Das war immer Knochenarbeit. Wenn Schorsch und ich unten am Berg angekommen waren, schrien wir hoch: „Lotte, hilf uns doch mal endlich, wir kommen keinen Schritt mehr weiter, wenn du uns nicht hilfst, kippen wir das ganze Wasser hier aus!“ Dann schleppten wir das Wasser mit vereinten Kräften auf Zickzackwegen hoch.

„Irgendwann gab es in den Leitungen kein Wasser mehr, sodass wir Kinder das Wasser für die ganze Familie mit einem Bollerwagen, auf den zwei Weck-Kessel passten, aus dem Dorfbrunnen holen mussten.“

Es wohnte ja nicht nur meine Schwägerin Lola mit ihren beiden kleinen Kindern im Haus (meine andere Schwägerin war inzwischen woanders untergekommen), sondern wir hatten inzwischen auch noch Flüchtlinge aus Köln aufgenommen, eine Kusine meines Vaters mit ihrem Mann und ihren Töchtern, die furchtbar unordentlich waren. Ich frage mich heute noch, wie meine Mutter das alles geschafft hat. Das bewundere ich sehr und kann es überhaupt nicht nachvollziehen. Schließlich kam auch noch Ria mit ihren beiden Kindern aus Mönchengladbach zu uns, weil es wegen der Luftangriffe dort zu gefährlich geworden war. Nun saßen wir in unserem Haus wirklich dicht aufeinander: mein Vater, meine Mutter, wir vier Kinder, meine Schwägerin Lola mit Kindern sowie meine Schwester mit ihren beiden Kindern. Es herrschte wirklich drangvolle Enge.

Um uns alle zu ernähren, wurden Enten angeschafft, die einmal ein leckerer Braten werden sollten, zunächst allerdings eine echte Plage waren, denn sie hatten die unselige Angewohnheit, ständig auszubüxen. Sonntags nach dem Mittagessen, wenn meine Schwester und ich gerade die Küche aufgeräumt hatten und uns mit einem Buch kuschelig irgendwohin zurückgezogen hatten, ertönte meistens von oben ein Ruf: „Lotte, Libet, die Enten sind raus!“ Dann war es mit unserer Sonntagmittagsruhe vorbei, und wir mussten auf Entenjagd gehen! Die Biester waren unglaublich flink, und es war wirklich mühsam, sie wieder einzufangen.

Vater liest den Völkischen Beobachter 1940.

Natürlich wurden diese Enten auch irgendwann geschlachtet, was für mich aber eine fürchterliche Vorstellung war. Ich habe nie gern Tiere gegessen, die ich vorher gehütet habe. Ich kann mich nicht erinnern, ob ich von dem Entenbraten gegessen habe, aber da wir immer sehr hungrig waren, kann ich das nicht ganz ausschließen.

Während dieser Zeit sehe ich meine Mutter eigentlich immer nur in der Küche stehen und kochen. Jede Woche kam der Verkäufer eines großen Lebensmittelgeschäftes aus Königswinter zu uns. Der saß dann zusammen mit meiner Mutter in unserer Diele am Tisch, bekam einen Tee und sortierte mit ihr unsere Lebensmittelkarten und überlegte, wie man alles am besten aufteilen konnte, welche Märkchen für welche Lebensmittel verwendet werden sollten und wie viel dann noch übrig blieb für anderes. Es war schon eine sehr mühsame Zeit.

Gegen Ende des Krieges fädelte meine Mutter in Köln ein so genanntes „Butter- und Eierverhältnis“ ein, das für uns alle sehr ergiebig war. Dafür fuhr sie mit dem Zug nach Köln zum „Bütterchenmann“, wie wir ihn nannten, und kam mit Butter und Eiern zurück, die er aus seiner Großhandlung für uns abzweigte, um meinen Eltern etwas Gutes zu tun. Er liebte meine Mutter, und wenn ich mitfuhr, war ich immer sehr beeindruckt davon, wie nett er zu uns war.

Es gab eine Situation beim Mittagessen, die sich häufig wiederholte. Meine Mutter bemühte sich stets, das Essen möglichst warm auf den Tisch zu bringen. Wenn aber die Suppe zu heiß war, stand Vater auf, ging mit dem Suppenteller durch die Esszimmertür in den Garten hinaus und lief mit seiner Suppe auf und ab, wobei er sie immer wieder umrührte.

Wir Kinder liefen ihm natürlich alle hinterher, weil wir das sehr amüsant fanden, aber meine arme Mutter saß verzweifelt am Esstisch und war den Tränen nahe. Jede Hausfrau kann wohl nachvollziehen, was das für ein Gefühl ist: Man hat endlich fertig gekocht und die große Familie zusammengetrommelt, ist heilfroh, dass man das Essen heiß auf den Tisch gebracht hat – und dann driften gleich darauf wieder alle auseinander! Ich fand dieses Verhalten meines Vaters ziemlich lieblos und hatte dafür wenig Verständnis.

„Vater konnte uns auch kolossal erschrecken. Wenn er sein gekochtes Ei aufgegessen hatte, nahm er, ohne dass wir es bemerkten, die leere Eierschale in den Mund. Und auf einmal hatte man die – peng – im Gesicht sitzen.“

Vater konnte uns auch kolossal erschrecken. Wenn er sein gekochtes Ei aufgegessen hatte, nahm er, ohne dass wir es bemerkten, die leere Eierschale in den Mund. Und auf einmal hatte man die – peng – im Gesicht sitzen. Das fanden wir nach einer Schrecksekunde immer sehr lustig. Später hat er das auch bei seinen Enkeln praktiziert, die das auch irrsinnig komisch fanden. Das waren seine kleinen Späßchen, die er sich gern gönnte.

Wie auch den: Während des Krieges gab es ja nur selten Fleisch. Weil es für uns etwas ganz Besonderes war, hoben wir uns immer ein Stückchen ganz bis zum Schluss auf. Aber plötzlich kam Vaters Gabel über den Tisch geschnellt und er pickte einem – zack – den letzten Leckerbissen weg! Meistens gab er uns das stibitzte Stück zwar kurz darauf wieder zurück. Aber dieser Schreck, der einen durchfuhr, wenn man sein letztes Stückchen verlor, war doch ziemlich unangenehm.

***

Mein Vater war während dieser Zeit total isoliert. Ein befreundetes Ehepaar, er war Kunsthistoriker, nahm meine Eltern manchmal auf kleine Fahrten in die Umgebung mit: in den Rheingau oder zum Besichtigen von Kirchen in der Umgebung. Solche Ablenkungen genossen meine Eltern über alle Maßen.

„Mein Vater war während dieser Zeit total isoliert. Ein befreundetes Ehepaar, er war Kunsthistoriker, nahm meine Eltern manchmal auf kleine Fahrten in die Umgebung mit […]. Solche Ablenkungen genossen meine Eltern über alle Maßen.“

Sie waren auch sehr gut befreundet mit dem Schweizer Generalkonsul Rudolf von Weiss, den meine Eltern noch aus Köln kannten und der während des Krieges in einem schönen, großen Haus in Rhöndorf wohnte, das beschlagnahmt worden war. Weiss war ein großer Mann mit einem hochroten Kopf und trug ein Monokel, das ihm im entscheidenden Moment immer aus dem Auge sprang. Er hatte noch gute Verbindungen und konnte uns daher Lebensmittel besorgen. Einmal lud er Lotte und mich ein, ihn zu besuchen, und wir kamen danach mit wahren Schätzen wie Schokolade, Bohnenkaffee und Nescafé für den Vater wieder nach Hause. Häufig saßen Vater und er zusammen und diskutierten über den Krieg. Später, als die Amerikaner schon auf der anderen Rheinseite waren, fuhr er ihnen voller Begeisterung über die Befreiung mit einem Boot und einer weißen Fahne in der Hand auf dem Hochwasser führenden Rhein entgegen, was durchaus nicht ungefährlich war.

In unserer Nachbarschaft wohnte auch Dr. Maria Schlüter-Hermkes, die später erste UNO-Beauftragte der Bundesregierung in Paris wurde. Sie war Dozentin, sehr gebildet und hatte vier Kinder, mit denen wir spielten. Mit ihr und dem Ehepaar von Petersdorf trafen sich meine Eltern alle vierzehn Tage sonntags reihum. Zuerst gab es Kaffee und Kuchen, danach hielt einer von ihnen einen Vortrag. Maria Schlüter sprach beispielsweise über Hexameter in Homerschen Gedichten. Mein Vater hielt einen Vortrag über Machiavelli, mit dem er sich eingehend beschäftigt hatte. Ich war bei diesen Veranstaltungen eigentlich nur geduldet, weil ich vieles noch nicht verstand, aber ich habe doch mitbekommen, dass es sehr anregende Nachmittage waren, in denen ein intensiver geistiger Austausch stattfand, bei dem auch wir Kinder etwas dazulernen konnten.

Eine große Rolle bei allen Wissensfragen spielte bei uns zu Hause übrigens der Brockhaus. Wenn Vater sonntags vor allem mit den älteren Geschwistern über die Inhalte der Sonntagspredigt diskutierte und etwas anzweifelte, was der Pfarrer gesagt hatte, hieß es regelmäßig: „Junge, hol mal das Lexikon!" Dann wurden geschichtliche Zahlen und Zusammenhänge im Brockhaus nachgeprüft. Es war Vater immer wichtig, jede sich bietende Situation zu nutzen, um etwas Neues zu lernen oder uns beizubringen. Es gab ja noch kein Fernsehen, sondern nur Radio und das war in dieser Zeit nicht sehr ergiebig und wurde bei uns eigentlich auch nie angemacht. Stattdessen hörten wir auf unserem Plattenspieler klassische Musik, Tschaikowski, Schubert und Beethoven. Vor allem aber wurde bei uns zu Hause viel gesungen – wir Jugendlichen sangen viel miteinander und meine Mutter sang auch sehr gerne. Ich sehe sie noch im Esszimmer stehen und beim Einmachen singen! Zu diesem Zweck wurden die Stühle mit den Beinen nach oben auf den Tisch gestellt und zwischen die Stuhlbeine windelähnliche Tücher gehängt, durch die die gekochten Johannisbeeren in eine darunter stehende Schüssel passiert wurden. So wurde bei uns damals Johannisbeersaft und Gelee hergestellt. Und während meine Mutter die Fruchtmasse durch die Tücher hindurch presste, sang sie!

Tante Lilli Suth, Vaters Schwester.

Auch unsere Blumensträuße stellten wir selbst zusammen, die Blumen hatten wir ja alle im Garten. Meiner Mutter war es immer sehr wichtig, dass überall im Haus schöne Blumen standen, im Wohnzimmer ebenso wie auf dem Esstisch und in der Diele. Wenn nun die Schwester meines Vaters, Tante Lilli Suth, uns besuchte, eine stattliche Erscheinung, die etwas sehr Hoheitsvolles hatte, sagte sie beim Abschied regelmäßig: „Ach, ihr habt immer so schöne Blumensträuße, ihr gestattet doch, dass ich mir einen mitnehme.“ Und schon nahm sie sich, ohne weiter zu fragen, einen der Sträuße, die wirklich mit Andacht zusammengestellt worden waren, aus der Vase, und fuhr damit von dannen!

08

Verhaftung der Eltern

Nach dem Attentat auf Hitler am 20. Juli 1944 veränderte sich unsere Situation drastisch, obwohl mein Vater darin gar nicht involviert gewesen war. Zwar war er einmal von einem Mittelsmann angesprochen worden, ob er sich nicht an der Verschwörung gegen Hitler beteiligen wolle, hatte dies jedoch schon mit Rücksicht auf seine Familie strikt abgelehnt. Überdies war er der Auffassung, ein solches Attentat könne nur durch das Militär verübt werden, hätte schon viel früher verübt werden müssen und habe daher nun überhaupt keinen Sinn mehr.

Obwohl er sich also aus dem ganzen Geschehen völlig herausgehalten hatte, standen dennoch am 23. August 1944 auf einmal mehrere schwarz gekleidete Männer vor unserer Tür, neben ihnen unser Dorfpolizist, den wir gut kannten. Der zuckte nur hilflos die Achseln – die Gestapoleute hatten ihn aufgefordert, ihnen unser Haus zu zeigen, welches sie nun auf das Genaueste untersuchten.

„Obwohl er sich also aus dem ganzen Geschehen völlig herausgehalten hatte, standen dennoch am 23. August 1944 auf einmal mehrere schwarz gekleidete Männer vor unserer Tür, neben ihnen unser Dorfpolizist, den wir gut kannten. Der zuckte nur hilflos die Achseln.“

Oben auf dem Speicher befand sich hinter einer Toilette ein Gang, wo Bücher untergebracht waren, die unten keinen Platz gefunden hatten, die so genannte „Klo-Bibliothek“. Dahinter war noch ein Raum mit einem Schrank, in dem meine Mutter ihre Abendkleider aufbewahrte. Vor allem aber stand dort ein ganzer Sack mit ungebranntem Kaffee,

Hitler-Attentat am 20. Juli 1944. Führerhauptquartier „Wolfsschanze“ bei Rastenburg, Ostpreußen: Inneres der zerstörten „Lager-Baracke“.

den unser Vater organisiert hatte. Dieser Kaffee wurde immer heimlich gebrannt, wobei alle Türen weit geöffnet werden mussten, damit der Geruch möglichst schnell abzog und niemand etwas roch. Normalerweise war das relativ ungefährlich, weil unser Haus etwas abseits lag, aber nun hatten wir eine Heidenangst, dass die Gestapo den Kaffee finden würde. Doch obwohl sie das ganze Haus gründlich durchsuchten, fanden sie ihn glücklicherweise nicht. Ebenso wenig wie das Öl, das der Vater von einem befreundeten Landwirt bekommen hatte und das damals ein Vermögen wert war. Er hatte es nämlich klugerweise in leere Weinflaschen gefüllt und im Weinkeller zwischen dem Wein gelagert. Was die Gestapo eigentlich suchte, weiß ich nicht.

Schließlich warfen sie im Wohnzimmer alle Bücher, die sie mitnehmen wollten, auf einen Haufen – Bücher von Autoren wie Siegfried Unseld und Selma Lagerlöff landeten dort zusammen mit Geschichtsbüchern. Außerdem konfiszierten sie Briefe und andere Unterlagen meines Vaters. Dann zogen die Männer wieder ab.

„Kurze Zeit darauf wurde Vater verhaftet und von der Gestapo auf das Kölner Messegelände auf der rechten Rheinseite gebracht. […] Hier hatte die Gestapo ein Auffanglager für die vielen Menschen eingerichtet, die im Zuge der Verschwörung gegen Hitler verhaftet worden waren.“

Kurze Zeit darauf wurde Vater verhaftet und von der Gestapo auf das Kölner Messegelände auf der rechten Rheinseite gebracht. Zu diesem Messegelände hatte er eine ganz besondere Beziehung, weil er als Oberbürgermeister diese große Messe begründet hatte, deren Messeturm genau an meinem Geburtstag, am 17. Mai 1928, als Wahrzeichen von Köln eröffnet worden war.

Hier hatte die Gestapo ein Auffanglager für die vielen Menschen eingerichtet, die im Zuge der Verschwörung gegen

Hitler verhaftet worden waren. Vater wurde dort in einer Baracke mehr schlecht als recht untergebracht. Zu seinem großen Glück erkannte ihn ein Mann wieder, der früher als städtischer Gärtner in Köln gearbeitet hatte und ihn in guter Erinnerung hatte. Eugen Zander war verhaftet worden, weil er Kommunist war. Inzwischen, so erzählte er Vater, sei er schon so lange auf dem Messegelände, dass er sich eine gewisse Stellung erobert habe und Sprecher der Gefangenen sei. Er sorgte nun umgehend dafür, dass der schon völlig abgemagerte Vater aus seiner verwanzten Baracke herauskam und sein Stubengefährte wurde.

Als unser Freund, der Schweizer Generalkonsul von Weiss, hörte, dass der Vater verhaftet worden war und in den Messehallen saß, fuhr er mit meiner Schwester und mir in seinem Auto dorthin. Wir durften zwar nicht auf das Gelände, konnten aber den Vater wenigstens durch den Zaun sehen. Es war ein schrecklicher Anblick für uns, ihn dort im Hemd ohne Kragen und ohne Hosenträger sitzen zu sehen.

Sein kommunistischer Mithäftling Eugen Zander hatte auch Einblick in die Akten mit den Listen der Menschen, die ankamen und die deportiert werden sollten. Eines Tages kam er zum Vater und sagte: „Sie müssen hier weg, Sie stehen auf der Liste derjenigen, die als nächstes deportiert werden sollen.“ Gemeinsam überlegten sie, was sie tun konnten. Schließlich meinte Vater: „Ich markiere jetzt einen Herzanfall, wir müssen einfach ausprobieren, ob das funktioniert.“ Sie holten einen Mithäftling, der Arzt war, und

„Sein kommunistischer Mithäftling Eugen Zander hatte auch Einblick in die Akten mit den Listen der Menschen, die ankamen und die deportiert werden sollten. Eines Tages kam er zum Vater und sagte: ‚Sie müssen hier weg, Sie stehen auf der Liste derjenigen, die als nächstes deportiert werden sollen.‘“

weihten ihn in ihr Vorhaben ein. Der untersuchte den Vater nun gründlich im Beisein einer Wache, die darauf achtete, dass alles mit rechten Dingen zuging. Nach Abschluss seiner Untersuchung sagte der Arzt: „Der Mann hat einen schweren Herzanfall und muss sofort in ein Krankenhaus!" So wurde Vater noch am selben Tag in das Elisabeth-Krankenhaus Hohenlind in Köln gebracht, in dem wir 1933 mit unserer Mutter untergekommen waren.

Die Amerikaner waren zu dem Zeitpunkt zwar schon sehr nahe an Köln herangerückt, aber Vater befürchtete, dass die Gestapo im letzten Moment noch einmal zuschlagen und alle diejenigen verhaften würde, die sie im Visier hatten. Daher plante er nun seine Entführung aus dem Krankenhaus.

„Die Amerikaner waren zu dem Zeitpunkt zwar schon sehr nahe an Köln herangerückt, aber Vater befürchtete, dass die Gestapo im letzten Moment noch einmal zuschlagen und alle diejenigen verhaften würde, die sie im Visier hatten."

Ein guter Freund von ihm, Luftwaffenmajor Schliebusch, fälschte seine Entlassungspapiere und holte ihn mit dem Auto vom Krankenhaus ab, was ausgesprochen mutig von ihm war. Dann brachte er Vater in die Nistermühle im Westerwald, dessen Besitzer die Eltern gut kannten. Dort hielt er sich nun unter dem Namen Dr. Weber versteckt, d. h. er hielt sich dort mehr oder weniger die ganze Zeit in seinem kleinen Zimmer auf und ging kaum heraus.

Als die Gestapo Vater nicht fand, nahm sie an seiner Stelle meine Mutter fest und brachte sie ins Gestapogefängnis nach Köln. Sie drohten ihr, wenn sie nicht sage, wo der Vater sei, würden sie auch Lotte und mich holen. Unter dem massiven Druck der Drohungen durch die Gestapo brach meine Mutter schließlich zusammen und gab das Versteck des Vaters in der Nistermühle preis. Dort wurde Vater morgens um fünf von der Gestapo abgeholt und ins Gefängnis nach Brauweiler gefahren, wohin man inzwischen auch unsere Mutter gebracht hatte. Es war furchtbar. Nun waren beide Eltern in den Händen der Gestapo und wir wussten nicht, warum man sie festhielt und was man mit ihnen vorhatte.

Es war alles so schrecklich, dass wir es überhaupt nicht verarbeiten konnten; es war einfach viel zu viel an Eindrücken, an Kummer, Schmerz und Mitleiden, auch an fehlenden Möglichkeiten, tatkräftig zu handeln oder etwas dagegen unternehmen zu können. Wir standen wie mit gefesselten Händen ohnmächtig da, ohne gegen diese Macht angehen zu können – ganz abgesehen von den äußeren Umständen, die unsere Lage erschwerten: Wegen der andauernden Bombenangriffe fuhren auch keine Züge, die wir hätten benutzen können.

„Unter dem massiven Druck der Drohungen durch die Gestapo brach meine Mutter schließlich zusammen und gab das Versteck des Vaters in der Nistermühle preis.“

Ich war als einziges Kind noch zu Hause, denn Lotte arbeitete zu der Zeit schon in einem Lazarett in Honnef. Ich fuhr unter schwierigsten Umständen mit dem Zug und per Autostop nach Köln zu Kommissar Bethke, der den Fall meiner Mutter unter sich hatte, und bat um eine Besuchserlaubnis in Brauweiler. Bethke schickte mich zweimal weg, sodass ich zweimal ohne Erfolg hin- und zurückfuhr. Schließlich sagte er: „Sie sind eine so hartnäckige Person, Ihnen passiert bestimmt noch mal etwas!“ Es klang so, als wolle er mir am liebsten den Hals umdrehen. Ich ließ jedoch nicht locker und erhielt schließlich doch die Besuchserlaubnis von ihm.

Nach einer langen Fahrt durch das zerbombte Köln mit unregelmäßig verkehrenden Bussen erreichte ich schließlich den Vorort Weiden. Das letzte Stück nach Brauweiler fuhr ich mit einem Fahrrad, das ich mir geliehen hatte. Ich sehe mich noch im Straßengraben liegen, während die Tiefflieger über mich hinwegflogen und ihre Angriffe starteten.

In Brauweiler wartete ich im Besuchszimmer auf meine Mutter. Schließlich wurde sie hereingeführt. Als ich sie sah, erschrak ich. Ihre Haare waren mit einer Kordel hinten zusammengebunden, ihre Augen waren tiefdunkel umschattet und sie sah entsetzlich leidend aus. Wie ich erfuhr, hatte sie kurz zuvor versucht, sich das Leben zu nehmen, weil sie sich schuldig fühlte, dass sie den Vater verraten hatte. Bevor sie in Rhöndorf abgeholt worden war, hatte sie sich in ihren Mantel eine Vielzahl von Medikamenten eingenäht, unter anderem Kopfschmerzmittel wie Gelonida, weil sie sehr unter Migräne litt. Diese Mittel hatte sie alle auf einmal geschluckt. Später äußerten die Ärzte die Vermutung, dass die Blutkrankheit, an der sie 1948 starb, auf die Einnahme dieser Überdosis zurückzuführen sei.

„In Brauweiler wartete ich im Besuchszimmer auf meine Mutter. Schließlich wurde sie hereingeführt. Als ich sie sah, erschrak ich. […] Wie ich erfuhr, hatte sie kurz zuvor versucht, sich das Leben zu nehmen, weil sie sich schuldig fühlte, dass sie den Vater verraten hatte. Bevor sie in Rhöndorf abgeholt worden war, hatte sie sich in ihren Mantel eine Vielzahl von Medikamenten eingenäht […]. Diese Mittel hatte sie alle auf einmal geschluckt.“

Man teilte mir mit, ich dürfe meine Mutter mit nach Hause nehmen, was wir jedoch ablehnten. Wir sagten, wir würden erst gehen, nachdem wir den Vater gesehen hätten, was uns auch ermöglicht wurde. Es war ein erschütternder Anblick, Vater sah furchtbar aus: unrasiert, mit hohlen Augen, ohne Kragen – einfach furchtbar. Er versuchte die Mutter zu trösten. Es war traurig, schrecklich traurig, beide Eltern in einem so desolaten Zustand zu sehen.

Glücklicherweise hatte der Schweizer Generalkonsul jemanden mit dem Auto in die Nähe der Anstalt Brauweiler geschickt, um meine Mutter und mich aufzulesen, und so kamen wir unbehelligt nach Hause.

Mein Bruder Max, der in der Zwischenzeit bereits zum Offizier befördert worden war, nahm Urlaub und stellte in Berlin Nachforschungen darüber an, was man dem Vater überhaupt vorwarf und wer die Akte bearbeitete. Er machte schließlich zwei Beamte ausfindig, die für den Fall des Vaters zuständig waren. Nein, hieß es, die Akte sei noch gar nicht bearbeitet worden, sondern liege auf Wiedervorlage – es gab offenkundig gar kein Interesse daran, sie zu bearbeiten. Einer mehr oder weniger im Gefängnis – das war den Nazis völlig egal.

> ***„Doch Max setzte den Beamten ziemlich zu, indem er sagte: ‚Das ist wirklich unmöglich. Wir kämpfen an der Front‘ – er selbst hatte ja mit einem Lungenschuss lange im Lazarett gelegen – ‚und Sie können sich gar nicht vorstellen, wie die Stimmung in der Truppe ist – erst recht, wenn sie hören würde, was hier in der Heimat vorgeht.‘ “***

Doch Max setzte den Beamten ziemlich zu, indem er sagte: „Das ist wirklich unmöglich. Wir kämpfen an der Front“ – er selbst hatte ja mit einem Lungenschuss lange im Lazarett gelegen – „und Sie können sich gar nicht vorstellen, wie die Stimmung in der Truppe ist – erst recht, wenn sie hören würde, was hier in der Heimat vorgeht. Es kann doch nicht sein, dass Sie einen alten Mann einfach einsperren und dann noch nicht einmal seine Akte bearbeiten!“

Daraufhin versprachen die Beamten ihm, sich die Akte nun vorzunehmen und den Sachverhalt zu prüfen. Als Max zwei Tage später noch einmal vorstellig wurde, hatten sie die Akte tatsächlich zur Bearbeitung an eine höhere Stelle weitergegeben. Wie sich herausstellte, war sie bei einem Bombenangriff in den Luftschutzkeller gebracht und dort einfach vergessen worden.

„In einem Interview beschreibt er 15 Jahre später die furchtbaren Gräueltaten, deren Zeuge er in Brauweiler wurde. Von den 67 Leuten, mit denen er in einer Zelle gesessen habe, seien 27 erschossen worden. Tag und Nacht seien die Schreie der in den Kellern Gefolterten zu hören gewesen.“

Als Max zurück an die Front musste, weil sein Urlaub zu Ende war, kam mein Bruder Paul, der sich vom Arbeitsdienst hatte beurlauben lassen, nach Berlin. Auch er hakte immer wieder hartnäckig nach, bis die Prüfung der Sachlage endlich ergab, dass Vater nichts mit der Verschwörung um Graf Stauffenberg zu tun hatte. Daraufhin wurde er Gott sei Dank nach zwei Monaten Gestapo-Haft entlassen. In einem Interview beschreibt er 15 Jahre später die furchtbaren Gräueltaten, deren Zeuge er in Brauweiler wurde. Von den 67 Leuten, mit denen er in einer Zelle gesessen habe, seien 27 erschossen worden. Tag und Nacht seien die Schreie der in den Kellern Gefolterten zu hören gewesen. Damals sei ihm klar geworden, dass Grausamkeit keine Grenzen kennt.

Durch den Krieg hat vieles gefehlt, auch Benzin, das in den 30ern und 40ern durch Holz ersetzt wurde.

09

Kriegsende

Im November 1944 kam Vater zu uns nach Hause zurück. Er hatte einen Bekannten aus Weiden erreicht, der ihn in einem Auto abholte, das einen Holzvergaser hatte – da es überhaupt kein Benzin mehr gab, fuhr man inzwischen mit Holz als Kraftstoff!

Vater sah sich erstaunt bei uns um und fragte dann:

„Wie sieht es denn hier aus, ihr lebt ja alle im Keller, warum das denn? Wo kocht ihr denn? Auch im Keller? Das ist doch unmöglich, das schaffen wir jetzt alles wieder an Ort und Stelle nach oben." Als Erstes ließ er den Herd wieder nach oben bringen. Er war sehr zuversichtlich, dass der Krieg nun bald ein Ende haben würde, womit er ja auch Recht behalten sollte.

Doch zunächst kam die letzte Kriegsphase mit viel Beschuss seitens der Amerikaner, so dass Vater uns den Wein- und Kartoffelkeller, der hinter unserem Haus lag, als Bunker einrichtete, mit genügend Stühlen, auf denen wir, wenn es notwendig war, alle Platz fanden. Wir hatten auch einen französischen Kriegsgefangenen, der bei uns Unterschlupf gefunden hatte und uns im Garten half und vier weitere Kriegsgefangene mitbrachte. Wenn Luftangriffe kamen, lagen alle auf den Kartoffelkisten.

Erstes gemeinsames Frühstück nach Vaters Rückkehr aus Brauweiler - 26. November 1944.

Meine Schwägerin Lola hatte gerade ihr zweites Baby bekommen, und Mutter huschte immer wieder aus unserem zum Bunker umfunktionierten Wein- und Kartoffelkeller ins Haus, um etwas zu kochen.

Unser Haus war zur Tarnung inzwischen grün angestrichen, wie es Vorschrift war. Vater trat gelegentlich in den Garten hinaus, um zu gucken, ob er irgendwas an der Frontlinie erkennen konnte, vom Haus aus konnte man ja weit schauen. Das hatten die amerikanischen Soldaten von der anderen Rheinseite aus offenbar beobachtet, jedenfalls feuerten sie auf ihn und das Haus drei Granaten ab. Vater passierte nichts, denn er warf sich sofort zu Boden, aber oben am Haus waren zwei Ecken eingeschossen worden, unter anderem die Wand vor dem Speicher, in dem der Kaffee lagerte.

Die Amerikaner brauchten noch lange, bis sie über den Rhein kamen. Irgendwann erhielt Vater einen Anruf von seiner Schwester Lilly Suth, die von Köln nach Unkel ausquartiert worden war und dort die letzten Kriegsmonate verbrachte. „Es wird alles gut", beruhigte sie uns, während bei uns noch heftig gekämpft wurde. „Bei uns sind die Amerikaner schon, das sind ja so reizende Leute!"

Es war ein komisches Gefühl: Vorher war die Front immer weit entfernt gewesen, aber nun wusste man nicht, wie die Deutschen reagieren würden, was ihnen noch einfallen würde, ehe sie sich zurückzogen – und davor hatte man Angst. Tatsächlich hat die Volksfront im Dorf noch Leute erschossen, die die weiße Fahne herausgehängt hatten.

„Wenig später besuchte uns ein amerikanischer Offizier namens Ulrich Biel, um beim Vater Erkundigungen über Menschen einzuziehen, die keine Nazi-Vergangenheit hatten und politische Verantwortung übernehmen konnten."

Es kam dann sehr bald eine Abordnung der Amerikaner zu uns, ein Lieutenant Hyles mit seiner Frau. Ich weiß noch genau, wie sehr mich das Aussehen dieser Frau beeindruckte: Sie trug einen schicken Mantel, stolzierte auf High Heels und war geschminkt. Mutter kochte für sie und Vater schickte Paul in den Weinkeller, um einen guten Wein zu holen. Er liebte Weine und hatte immer einen gut sortierten Weinkeller. Auch später als Bundeskanzler war ihm das sehr wichtig. Paul schenkte ein, es wurde geprostet, aber plötzlich verzogen sich die Gesichter. „Nein", sagte Vater, „Entschuldigung, das ist ja fürchterlich!" Daraufhin gab er die Geschichte von dem Öl, welches er in Weinflaschen gefüllt hatte, zum besten. Paul hatte auf der Suche nach einem guten Wein eine unserer gut getarnten Ölflaschen erwischt!

Wenig später besuchte uns ein amerikanischer Offizier namens Ulrich Biel, um beim Vater Erkundigungen über Menschen einzuziehen, die keine Nazi-Vergangenheit hatten und politische Verantwortung übernehmen konnten.

Vater beriet ihn in diesen Fragen, denn er kannte ja die politischen Akteure wie kein anderer, und so kam es, dass er fortan zu regelmäßigen Konsultationen gebeten wurde.

Biel, gebürtiger Berliner, war 1934 in die USA emigriert und 1945 mit der amerikanischen Armee als Berater General Pattons nach Deutschland zurückgekehrt. Heute würde man ihn wohl als „Headhunter“ bezeichnen, der den inzwischen 69 Jahre alten Vater als „Mann mit so wichtiger Vergangenheit“ für die deutsche Nachkriegspolitik entdeckte. In einem Bericht an seinen Vorgesetzten, der erst kürzlich in der Berliner Senatskanzlei wieder gefunden wurde, heißt es: „Der ungekrönte König des Rheinlands“ unterstütze die in Köln praktizierte Entnazifizierungspolitik des „kicking out all party members“. Die Amerikaner hätten seiner Ansicht nach alle NSDAP-Mitglieder zu beseitigen „was immer ihre Entschuldigungen sein mögen“. 9 Prozent der Bevölkerung, aber 95 Prozent der Richter und 91 Prozent der Rechtsanwälte seien Parteimitglieder gewesen. Adenauer wünsche Sanktionen auch gegen alle „non-Nazis and non-ardent sympathizers“, die wirtschaftlich seit 1933 profitiert hätten. Viele Funktionäre in Industrie und Wirtschaft waren „smart enough“, der Partei nie beigetreten zu sein. Resümierend schreibt Biel, Adenauer sei „too big a man“, um lediglich als „kind of advisor“ zu agieren, sondern gehöre „ins Bild der wie auch immer geplanten Zonen- oder nationalen Regierung.“

„Am 4. Mai wurde Vater schließlich von den Amerikanern wieder als Oberbürgermeister von Köln eingesetzt. Montags morgens kam ein offener Jeep mit einem schwarzen Amerikaner als Fahrer sowie einem Offizier als Begleiter, die Vater abholten.“

Am 4. Mai wurde Vater schließlich von den Amerikanern wieder als Oberbürgermeister von Köln eingesetzt. Montags morgens kam ein offener Jeep mit einem schwarzen Amerikaner als Fahrer sowie einem Offizier als Begleiter, die Vater abholten, der nun die Verwaltung der Stadt wieder ankurbelte.

Köln war jedoch so zerbombt, dass er freitags immer ganz entsetzt nach Hause zurückkehrte (während der Woche wohnte er in Köln) und uns erzählte, er wisse gar nicht, wo er anfangen solle, diese Stadt wieder einigermaßen unter Kontrolle zu bringen. Man erkannte die Straßen kaum wieder, weil ganze Häuserkarrees vernichtet worden waren. Als die Stadtverwaltung ihre Arbeit wieder aufnahm, kehrte langsam wieder Normalität ein. Die Straßen wurden geräumt, sodass die wenigen Autos, die es gab, bald wieder fahren konnten, und auch der Busverkehr wurde wieder aufgenommen. Es war erstaunlich, wie schnell sich wieder ein relativ normales Leben entwickelte.

Meine Mutter fuhr gelegentlich mit nach Köln, um alte Bekannte wiederzusehen oder irgend etwas für uns zu besorgen. Sie war, wie schon während der Kriegszeit, eine absolute Künstlerin im Organisieren von Lebensmitteln, um uns alle satt zu kriegen. So entdeckte sie in Honnef per Zufall eine Bäckerei, deren Besitzer aus Köln evakuiert worden waren. Als sie dort ihren Namen nannte, stellte sich heraus, dass man in der Bäckerei Riese den Namen Adenauer noch aus der ersten Zeit meines Vaters als Kölner Oberbürgermeister kannte. Die Bäckersfrau war so begeistert, meine Mutter zu treffen, dass sie ihr Berge von Brot für uns alle mitgab. Wir fanden es sehr rührend, dass sich diese Menschen an früher erinnerten und uns aus Dank-barkeit mit Brot versorgten, in einer Zeit, wo jedes Brot eine Kostbarkeit war.

„Die Bäckersfrau war so begeistert, meine Mutter zu treffen, dass sie ihr Berge von Brot für uns alle mitgab.“

Nach Honnef fuhr meine Mutter nun häufiger mit ihrem Fahrrad – und das war nur eine ihrer vielen kleinen

Quellen, denn inzwischen hatte sie sich ein gut funktionierendes Lebensmittel-Netzwerk aufgebaut.

Unser Milchschaf Nelke versorgte uns nach wie vor mit Milch, der Garten mit Gemüse und Obst, wobei wir immer wieder Kämpfe gegen die lästigen Schnecken ausfochten. Nach einiger Zeit machte schließlich in Köln-Marienburg wieder ein Friseur auf, von dem die Mutter ganz begeistert war.

Eines Tages ging Mutter, ohne dem Vater oder uns etwas zu sagen, zu diesem Friseur, der sie zu einer Tönung überredete, wie sie hinterher erzählte. Auf jeden Fall kam sie uns sehr verändert vor. Ihre natürliche Haarfarbe war ein helles Braun, das aber schon etwas ergraut war, sicher auch durch die furchtbaren Erlebnisse, die sie in Brauweiler gehabt hatte. Nun hatte sie sich einen schönen braunen Farbton machen lassen, der ihr offenbar gut gefiel. Vater war entsetzt, während wir Kinder nur gelacht und uns amüsiert haben. „Es ist nur eine Tönung", sagte sie ein ums andere Mal, „das kann ich alles wieder herauswaschen!" Arme Mutter. Da hatten wir ihr nun diese kleine Freude total vermiest.

Ich kann mich auch nicht erinnern, dass sie sich jemals geschminkt hätte. Mein Vater war da sehr empfindlich. Als wir einmal Besuch hatten und ich mir die Lippen rot gemalt hatte, kam er zu mir, zückte sein Taschentuch, wischte mir alles wieder ab und sagte: „Ich wünsche so etwas nicht."

Zu dem Thema gibt es noch eine kleine Anekdote. Ich hatte immer Zöpfe getragen und war das mit 15 Jahren irgendwann leid, weil ich mich grässlich damit fand. Auch Mutter war dafür, dass ich mir die Haare schneiden ließ, doch Vater war strikt dagegen. Da kam meine Schwester Ria, die nach Ende des Krieges wieder nach Mönchengladbach zurückgezogen war, auf eine gute Idee: „Du besuchst mich in Mönchengladbach, und dann gehen wir beide zu meinem Friseur." Genau so haben wir das auch gemacht, ich fuhr mit dem Zug nach Mönchengladbach, wo wir zu ihrem Friseur gingen, der mir die Haare ein ganzes Stück abschnitt und sie schön frisierte. Hach, war ich stolz!

Als Ablenkungsmanöver nahm ich am nächsten Tag, als ich wieder nach Hause fuhr, meinen vierjährigen Neffen Jan Reiners mit.

Aber kaum war ich zu Hause angekommen, hieß es: „Was hast du denn gemacht? Warum hast du dir die Haare abschneiden lassen? Du wusstest doch, dass ich das nicht will!"

Worauf ich erwiderte: „Ich habe gar nicht viel abgeschnitten, nur ein bisschen, und kann mir jederzeit wieder Zöpfe machen", was gar nicht stimmte. Vater war richtig ärgerlich.

„[...] ich war froh, dass ich die Zöpfe endlich los war. Ihm war das einfach zu modern: ‚Nun siehst du aus wie alle anderen', meinte er, und das wollte er nicht."

Da sprang meine Schwägerin Lola, die Frau meines ältesten Bruders, die noch bei uns lebte und immer sehr geradeheraus war, für mich in die Bresche und sagte: „Also, Vater Konrad, ich finde, dass die kürzeren Haare Libet sehr gut stehen. Wenn du das nicht willst, kannst du ihr ja gleich Stulpenstiefel und einen Umhang kaufen, dann sieht sie noch altmodischer aus. Ich kann dich überhaupt nicht verstehen."

Daraufhin war er richtig böse, ging hinaus und sprach kein Wort mehr mit uns. Aber ich war froh, dass ich die Zöpfe endlich los war.

Ihm war das einfach zu modern: „Nun siehst du aus wie alle anderen", meinte er, und das wollte er nicht. Meine Schwester Lotte trug dagegen immer kurze Haare, aber mein Vater war wohl stolz auf meine langen blonden, etwas gelockten Haare.

■

10

Pützchen

Eines Tages im Frühjahr 1946 bekam Vater Besuch von Schwester Paula Werhahn, der Oberin des Klosters Pützchen bei Bonn, das zum Sacré-Coeur Orden gehört.

Diese Oberin bat den Vater nun, er möge ihr helfen, ihre Internatsschule wieder aufzubauen, nachdem sie während des Krieges zum Lazarett umfunktioniert worden war. In diesem Zusammenhang wurde auch über uns Töchter gesprochen. Lotte hatte in Bonn noch ein richtiges Abitur gemacht, aber ich hatte nur ein Notabitur. Nun redete Mutter Paula dem Vater ein, das zähle überhaupt nicht, ich müsse dringend noch einmal zur Schule gehen, und seiner älteren Tochter Lotte würde es auch nicht schaden, wenn sie noch etwas mehr Grundwissen vermittelt bekäme.

Als Vater uns das mitteilte, war Lotte bitterböse, regelrecht empört, denn sie hatte sich in Bonn schon zum Studium beworben und wollte auf keinen Fall noch einmal die Schulbank drücken. Sie konnte sich mit ihrer Weigerung auch durchsetzen, ich musste nun allein nach Pützchen.

Im Nachhinein bereue ich es jedoch überhaupt nicht, denn es war eine tolle Zeit. Wir waren eine kleine Gruppe von Schülerinnen und ich lernte auf diese Weise andere Mädchen kennen, die von überall her kamen. Die Schwestern, die uns unterrichteten, waren nicht nur ausgesprochen nett zu uns, sondern auch sehr gebildet, und sie konnten uns vieles vermitteln, was in meiner bisherigen Schulzeit während des Krieges überhaupt keine Rolle gespielt hatte. Der Schwerpunkt des Unterrichts lag auf den Geisteswissenschaften – insbesondere auf Deutsch, Geschichte und Kunstgeschichte. Ich wurde sehr bald Klassensprecherin, und wenn unsere Klassenlehrerin, Mutter Best, wie

Die Kapelle St. Adelheidis wurde 1769 errichtet und ist in die alte Mauer des benachbarten Karmeliterklosters eingefügt.

sie es häufig tat, fragte: „Libet, was meinen Sie denn dazu?", fühlte ich mich sehr geehrt und ernst genommen. Wir waren eine nette Klasse, und ich habe auch heute, nach 60 Jahren, noch Kontakt zu meinen Mitschülerinnen. Wir hielten zusammen, wobei uns vor allem das Gefühl verband, eine echte Chance zu haben, unser Leben nun selbst in die Hand zu nehmen.

Es gab zwar auch viele Dinge, die ich furchtbar fand, beispielsweise dass wir in der Kirche einen Schleier über unsere Haare legen und aus einem dicken Liederbuch, Riedenburg genannt, Lieder singen mussten, die uns nicht gefielen. Aber wir hatten auch unglaublich viel Spaß miteinander. Die Schule war erst im Aufbau und ein Teil des Klosters war immer noch Lazarett, insofern war der ganze Betrieb etwas provisorisch.

Als wir in der Klasse das Stück „Der seidene Schuh" von Paul Claudel lasen, war ich so begeistert davon, dass ich für die ganze Klasse einen Theaterbesuch organisierte, denn es wurde gerade im Düsseldorfer Schauspielhaus aufgeführt.

Diese Aufführung war wirklich ein großartiges Erlebnis! Das Stück behandelt die Freiheit des Glaubens in verschiedenen Religionen und bei Menschen unterschiedlicher Hautfarbe. Es geht dabei um die Geschichte einer Frau, die von zwei Männern geliebt wird, die verschiedenen Religionen angehören, was sie in tiefe Konflikte stürzt. Es ist ein langes Epos und auch die Aufführung dauerte ewig. Natürlich hatten wir in der Schule auch Goethes „Faust" besprochen, aber „Der seidene Schuh" war für mich viel wichtiger, weil mir durch das Lesen dieses Stücks eine Tür aus dem eigenen Glauben heraus geöffnet und damit mein Horizont erweitert wurde.

Nach einem Jahr machte ich 1947 in Pützchen das erste reguläre Abitur. Ich erinnere mich noch an das unendliche Glücksgefühl, das mich nach bestandenem Abitur erfüllte, die Freude darüber, das Leben nun vor mir zu haben. Ich saß auf der Fensterbank im Schlafzimmer meiner Eltern, während meine Mutter herumräumte, und erzählte ihr davon. Dabei entstand zwischen uns eine so innige und beglückende Verbindung, dass ich dieses Erlebnis bis heute nicht vergessen habe.

Meine Mutter griff diese Stimmung wunderbar auf: Wir gingen hinunter und begannen zusammen zu musizieren. Sie spielte Geige und ich begleitete sie am Klavier. Das Haus war leer – meine Geschwister studierten oder arbeiteten und mein Vater war in Köln – und wir waren ganz für uns. Diese gemeinsam erlebten, warmen Glücksmomente haben mich noch intensiver an meine Mutter und sie an mich gebunden.

Als ich mich danach an der Universität Bonn für Geisteswissenschaften einschreiben wollte (wozu damals die Fächer Geschichte, Literatur, Deutsch und Latein gehörten), stellte ich fest, dass man dafür nicht nur das kleine, sondern das große Latinum brauchte. Das konnte ich bei einem Privatlehrer nachholen, aber um überhaupt immatrikuliert zu werden, musste ich zuvor ein halbes Jahr lang einen so genannten Hilfsdienst absolvieren. Ich begann daher im evangelisch-theologischen Seminar Bücher zu sortieren. Es wurde damals im Seminar viel über den evangelischen Kirchendogmatiker Karl Barth gesprochen, und zu meiner großen Freude auch über Paul Claudel diskutiert, dessen „Seidener Schuh" damals offenbar nicht nur mich aufgewühlt hatte, sondern überall die Gemüter erregte.

Meine Mitschülerinnen in Pützchen; ich mit Gitarre - 1947.

Köln, Hohenzollernbrücke, Wiederaufbau. Aufgenommen am 30. April 1848.

11 Nachkriegsdeutschland

Das Leben im Nachkriegsdeutschland war damals sehr entbehrungsreich. Viele Städte waren total zerstört und die Verkehrssituation war miserabel, zumal die Brücken zum Teil noch nicht befahrbar waren. Doch überall wurde gebaut, die Straßen wurden aufgeräumt – es ging sichtbar voran. Nach meiner Arbeit in der Akademie begann ich zunächst in Bonn Geschichte und Deutsche Literatur zu studieren. Um das kleine Zimmer zu beheizen, das ich gemietet hatte, brachte ich von zuhause Briketts mit, was sehr mühsam war, denn ich hatte ja kein Auto, weshalb ich oft mit dem Fahrrad hin und herfuhr. Da ich mit den Briketts sparsam umgehen musste, war es meistens kalt in dem Zimmerchen.

Zum Mittagessen gingen wir in das Souterrain des Priesterseminars Leoninum, in dem eine Studentenküche eingerichtet worden war. Ich hatte von der Universität Essensmarken bekommen, mit denen ich mir einen Teller Suppe holen konnte. Die war mal grün und mal rot, schmeckte aber eigentlich immer gleich, egal, welche Farbe sie hatte. Dazu aß man ein Stück Brot, das man sich mitbrachte. Ich kann mich noch gut erinnern, dass es einmal Heringe gab. Offenbar war irgendwo eine Sendung mit Tonnen von Heringen organisiert worden, jedenfalls sah man die Studenten alle mit in Zeitungspapier eingewickelten, tropfenden Heringen aus der kleinen Mensa herauskommen. Den Hering nahmen wir mit nach Hause und machten ihn uns dort zurecht – das war für damalige Verhältnisse ein echtes Festessen.

Währungsreform 1948. Umtauschstelle, Schreibtische mit Bündeln von Reichmark-Geldscheinen.

Wie sehr sich unser Leben von dem unserer europäischen Nachbarn unterschied, erlebte ich auf einer Reise in die Schweiz, zu der mich mein Vater mitnahm. Da ich viel Zeit für mich hatte, beobachtete ich von meinem Hotelfenster aus die Menschen. Zu meiner großen Verwunderung sah ich, wie die Radfahrer ihre schönen, neuen Fahrräder einfach vor einem Haus abstellten, ohne sie abzuschließen.

Zuhause schleppten wir unsere Räder ins Zimmer oder in den Keller, sonst wären sie sofort gestohlen worden, weil jeder ein Fahrrad brauchte. Und hier, in der wohlhabenden Schweiz, standen sie einfach unabgeschlossen auf der Straße! Ein weiterer Eindruck, der sich mir tief eingeprägt hat, war, dass die Schaufenster voll waren. Ich kannte fast nur noch mit Brettern vernagelte Schaufenster, aber hier lagen Apfelsinen und Bananen, lauter Lebensmittel, die es bei uns überhaupt nicht gab, in Hülle und Fülle in den Auslagen. In meiner Begeisterung kaufte ich für meine Nichten und Neffen, die noch klein waren, jede Menge Apfelsinen. Die haben dann damit Ball gespielt, weil sie gar nicht wussten, was eine Apfelsine ist!

„Ich hatte von der Universität Essensmarken bekommen, mit denen ich mir einen Teller Suppe holen konnte. Die war mal grün und mal rot, schmeckte aber eigentlich immer gleich, egal, welche Farbe sie hatte.“

Doch nach der Währungsreform von 1948, bei der jeder 40 Mark erhielt, ging der wirtschaftliche Aufschwung auch bei uns voran. 40 Mark erschienen uns nach den Entbehrungen der Kriegszeit zwar als Vermögen, doch angesichts der vielen Waren, die plötzlich wieder in den Geschäften angeboten wurden, war es dann doch recht wenig Geld.

■

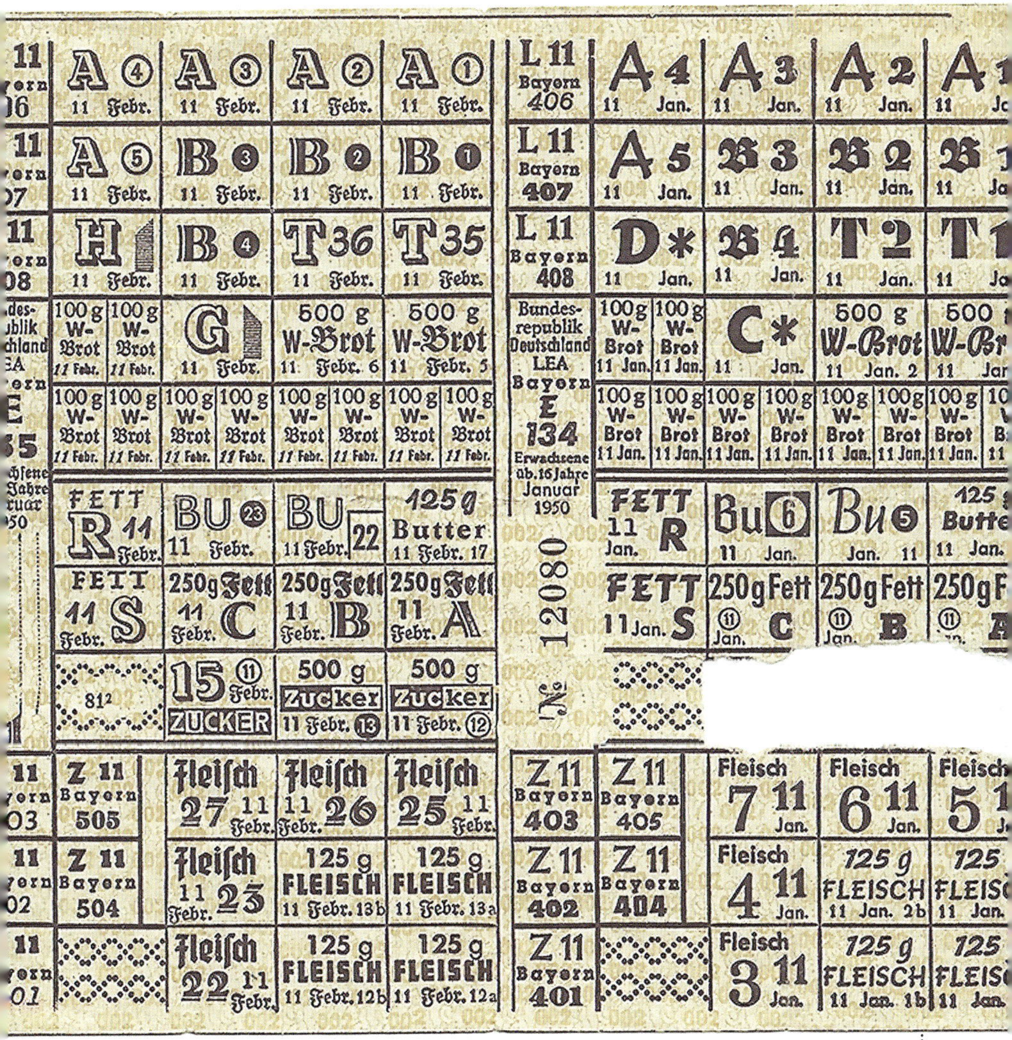

Lebensmittelmarke aus Niedersachsen, 1950.

12

Tod der Mutter

Zu der Zeit, als ich in Bonn gerade anfing, auf eigenen Beinen zu stehen, begann meine Mutter ernsthaft zu erkranken – eine Spätfolge ihrer Tablettenvergiftung in Brauweiler, von der sie sich physisch nie wieder ganz erholt hatte. Sie hatte am ganzen Körper eitrige Wunden, die nicht heilten. Immer wieder wurde sie ins Bonner Johanneshospital eingeliefert und operiert, aber es brachen immer wieder neue Wunden auf.

Vater war sehr besorgt. Er unternahm als Vorsitzender der CDU bereits seine ersten Reisen ins Ausland, um Kontakte zu anderen Politikern zu knüpfen, und kam immer sehr beunruhigt zurück. Auf einer dieser Reisen hörte er, dass es ein Mittel gäbe, das helfen könne: Penicillin. Das war zwar in Deutschland noch gar nicht erhältlich, aber über einen Besatzungsoffizier konnte Vater es schließlich besorgen. Penicillin war damals etwas ganz Kostbares und musste im Eisschrank aufbewahrt werden. Es wurde dann gekühlt ins Krankenhaus mitgenommen und dort der Mutter gespritzt. Aber auch dieses Mittel half nicht, worüber wir unglaublich betroffen waren. Nun wurden die Blutgruppen von uns Kindern untersucht, um festzustellen, ob wir ihr Knochenmark spenden konnten. Wie sich herausstellte, hatten Lotte und ich dieselbe Blutgruppe wie unsere Mutter und kamen als Spender in Betracht. Das Knochenmark wurde uns am Brustbein herausgesogen, was sehr unangenehm war.

Während ihrer vielen Krankenhausaufenthalte besuchten Lotte und ich unsere Mutter jeden Tag. Einmal waren wir bei einer Studentenverbindung zur Karnevalsfeier eingeladen. Ich hatte noch nie einen Karneval mitgemacht und

Meine Mutter Gussie Adenauer, geb. Zinsser (7.12.1895 - 3.03.1948).

freute mich schrecklich darauf. Lotte und ich nähten uns eigens dafür Kostüme. Aber Lotte sagte immer wieder:

„Ich verstehe nicht, wieso du dich so auf dieses Fest freust, unsere Mutter liegt todkrank im Krankenhaus, und du freust dich auf eine Karnevalsfeier!"

„Es war ein schöner Frühlingstag, die Sonne schien, die Vögel sangen, aber ich konnte überhaupt nicht begreifen, dass es möglich war, dass meine Mutter gestorben war."

Das waren wirklich krasse Gegensätze. Lotte litt ganz offensichtlich noch viel mehr unter der Krankheit unserer Mutter als ich. Wir gingen trotzdem auf dieses Fest, das im Arminia-Vereinshaus in Bonn stattfand, und ich amüsierte mich gut. Alkohol gab es überhaupt nicht, aber wir hatten trotzdem viel Spaß. Doch Lotte sagte immer: „Ich halt' es nicht mehr aus, ich gehe jetzt."

Als wir am nächsten Morgen ins Krankenhaus kamen, ging es der Mutter wieder sehr schlecht und ich machte mir natürlich Vorwürfe wegen meiner sorglosen Feierei, aber so war es nun mal. Ich war vielleicht etwas weniger sensibel als Lotte.

Der Zustand unserer Mutter verschlechterte sich nun zusehends. Die Knochenmarkspende hatte überhaupt nichts gebracht. Es wurden weitere Ärzte hinzugezogen, aber auch die wussten keinen Rat, und so starb sie schließlich sehr qualvoll am 3. März 1948 im Beisein meines Vaters und von uns Kindern. Es war furchtbar. Nun brach einfach alles zusammen.

Ich erinnere mich noch, wie ich nach Hause fuhr – mit der Straßenbahn, mit der Fähre und dann wieder mit der Straßenbahn. Es war ein schöner Frühlingstag, die Sonne schien, die Vögel sangen, aber ich konnte überhaupt nicht begreifen, dass es möglich war, dass meine Mutter gestorben war.

Es war für mich ein tiefer Schmerz. Doch dann kamen ganz schnell die vielen Dinge auf uns zu, die erledigt werden mussten. Und unser Vater fiel, soweit ich mich erinnere, für mehrere Tage komplett aus. Er schloss sich ein und war für uns überhaupt nicht mehr erreichbar. Als wir ihm etwas zu essen bringen wollten, lehnte er ab, nein, er wolle nichts essen und er wolle auch keinen sehen.

Als die Verwandten zum Kondolenzbesuch kamen, konnten sie überhaupt nicht verstehen, dass unser Vater jetzt keine Besuche entgegennehmen wollte. Er blockte das völlig ab. Ich weiß jedenfalls, dass ich mit der Situation gänzlich überfordert war, weil mich keiner tröstete. Wir Geschwister konnten uns zwar gegenseitig etwas trösten, aber unser Vater war selbst so unglücklich, dass wir eher das Gefühl hatten, ihn trösten zu müssen, als dass wir von ihm Trost erwarten konnten.

„Wir Geschwister konnten uns zwar gegenseitig etwas trösten, aber unser Vater war selbst so unglücklich, dass wir eher das Gefühl hatten, ihn trösten zu müssen, als dass wir von ihm Trost erwarten konnten.“

Ich musste daran denken, wie wir während des Krieges abends mit unserer Mutter unten im Wohnzimmer zusammen saßen, während Vater oben in seinem Zimmer arbeitete. Wir lauschten gebannt den Erzählungen aus ihrem Leben: Wie sie den Vater kennen gelernt hatte, der ja 20 Jahre älter war, und wie dieser Altersunterschied ihren Eltern zunächst gar nicht recht gewesen sei. Ich weiß noch genau, wie ich damals dachte: Dann stirbt er ja auch 20 Jahre früher als die Mutter, woraufhin ich zu ihr sagte: „Mutter, wenn der Vater nun früher stirbt und wir mit dir alleine sind, müssen wir aber alle sehr gut zusammenhalten.“

Und nun war meine Mutter gestorben und wir waren mit dem Vater allein. Aber er war völlig unnahbar, was für uns Kinder wirklich hart war.

■

13

Meine Ehe mit Hermann Josef Werhahn

Das einzig Gute und für mich sehr Tröstliche war, dass meine Mutter vor ihrem Tod noch meinen späteren Mann, Hermann Josef Werhahn, kennengelernt hatte, der sie auch im Krankenhaus besuchte. Hermann Josef war 1947 aus russischer Kriegsgefangenschaft entlassen worden. Da er von seiner Zeit im Lager gezeichnet war und entsetzlich aussah, war seine Mutter mit ihm über Pfingsten zur Erholung nach Rhöndorf ins Hotel Wolkenburg gefahren, wohin meine Schwiegereltern häufig und gerne gingen, um auszuspannen.

Hermann Josef Werhahn - 1943.

Unsere Eltern kannten sich, unsere Väter verstanden sich allerdings überhaupt nicht, sie hatten völlig unterschiedliche Ansichten, beispielsweise über die Zukunft der Braunkohle. Da sich aber die Familie Adenauer immer sehr interessiert erkundigt hatte, wie es Hermann Josef in der Kriegsgefangenschaft erging, nahm Magdalena Werhahn Kontakt zu meiner Mutter auf und rief sie an. Sie erzählte, ihr Sohn sei nun zurückgekehrt und sie beide würden gern einmal zu Besuch zu uns kommen.

Ich war Hermann Josef jedoch, ohne zu wissen, wer er war, schon einmal begegnet. In der Pädagogischen Akademie

Vor dem Kirchenportal des Klosters Maria Laach bei unserer Hochzeit am 2. Mai 1950.

in Bonn fanden damals die ersten Vorträge von Josef Pieper, einem Professor für Moraltheologie aus Münster, statt. Die PH hatte eine kolossale Anziehungskraft, weil dort wirklich Hochkarätiges geboten wurde.

Nach meiner Arbeit im Theologischen Seminar fuhr ich häufig zu diesen Vorträgen. Eines Tages fiel mir auf der Fahrt nach Hause ein junger Mann in der Straßenbahn auf. Er trug einen grünen Knickerbockeranzug mit Dreiviertelhosen, war kahlrasiert, hatte lauter Pickel im Gesicht und trug ein rotes Lederköfferchen bei sich. Ich dachte damals bei mir: Einen so seltsamen Menschen hast du ja noch nie gesehen! Dieser junge Mann stieg wie ich in Godesberg aus, fuhr mit der Fähre über den Rhein und stieg auch mit mir in die Straßenbahn nach Rhöndorf ein. Ich hatte mein Strickzeug dabei und strickte in der Bahn Strümpfe für meine ersten Neffen und Nichten. Das ist doch merkwürdig, dachte ich, wo will der bloß hin? Auf dem Weg nach Hause ging mir dieser junge Mann nicht aus dem Kopf, ich sah ihn danach aber nicht mehr.

Ich beim Klavierspielen – 1949.

Als es am darauf folgenden Sonntag zur Besuchszeit, so gegen halb zwölf, klingelte und ich die Tür aufmachte, stand da Frau Werhahn, die ich vom Namen her kannte, mit diesem jungen Mann – und der war genauso sprachlos wie ich. Später erzählte er mir des Öfteren sehr humorvoll, wie er mir bei unserer ersten Begegnung nachgeguckt und gedacht habe: „Das ist sicher eine Tochter aus gutem Hause von irgendeinem pensionierten Beamten, der hier in Rhöndorf wohnt. Für das Mädchen interessiere ich mich, wie kann ich die wohl wiedersehen und kennen lernen?“ Und da stand ich nun. Meine Mutter lud Magdalena und Hermann Josef Werhahn kurzerhand zu einem musikalischen Abend ein. Meine Eltern waren immer sehr bemüht, uns zum Musischen, sei es nun Literatur oder Musik, anzuregen; wir hatten alle Klavierstunden und meine Mutter spielte sehr gut Geige. Zu unserem musikalischen Abend kam auch Pater Maurus Sabel aus Maria Laach, der hervorragend Klavier spielte. Er hatte die Noten eines modernen Musikers mitgebracht, Heinrich Rohr, der Gedichte von Thurmeyer vertont hatte.

„Dann hieß es plötzlich: ‚Wer von Ihnen kann diese Stücke denn singen?‘ Da stand Hermann Josef Werhahn auf, sagte: ‚Ich kann das mal versuchen‘, und sang vom Blatt das Lied ‚Dir Berg sei ich geboren‘, während Pater Maurus Sabel ihn dazu am Klavier begleitete.“

Dann hieß es plötzlich: „Wer von Ihnen kann diese Stücke denn singen?“

Da stand Hermann Josef Werhahn auf, sagte: „Ich kann das mal versuchen“, und sang vom Blatt das Lied „Dir Berg sei ich geboren“, während Pater Maurus Sabel ihn dazu am Klavier begleitete. Es war einfach wunderbar, denn Hermann Josef hatte eine sehr gute Stimme, und auch meine Eltern waren ganz begeistert von dieser spontanen Darbietung. Danach sang er ein weiteres Lied und noch eines, so dass im Endeffekt dieser musikalische Abend gar nicht von den Kindern Adenauer, sondern von den Gästen bestritten wurde. Hinterher sangen wir noch alle miteinander schöne alte Volkslieder und mehrstimmige Kanons. So lernte ich meinen Mann kennen.

Später, als er hörte, dass meine Mutter schwer krank war und im Krankenhaus lag, fuhr er nach Bonn, um sie zu besuchen, und brachte ihr zwei Flaschen Werhahns Öl mit, was damals ein sehr kostbares Geschenk war. Zwischen ihren Krankenhausaufenthalten war die Mutter immer wieder zu Hause. Einmal hörte ich, wie die Eltern sich im Badezimmer unterhielten – die Tür stand etwas offen und mein Zimmer lag direkt gegenüber – und meine Mutter sagte: „Der junge Werhahn ist doch ein recht netter junger Mann!" Damals dachte ich: „Donnerwetter", weil mir klar war, was sie damit andeuten wollte, aber ich selbst dachte überhaupt nicht ans Heiraten, denn ich wollte erst mein Studium beenden. Aber immerhin wusste ich nun, dass die Mutter ihn nett fand, und das war mir sehr wichtig.

Hermann Josef und ich beim Kirschenessen in Rhöndorf – 1949.

***

Während der letzten Wochen vor dem Tod meiner Mutter hatte ich mein Studium unterbrochen, da ich zu Hause gebraucht wurde. Danach kamen mir Zweifel, ob die Geisteswissenschaften für mich das Richtige waren, vieles erschien mir vage und zu wenig definierbar. Vater überredete mich, Jura zu studieren, da mir mit diesem Studium eine Vielfalt von Berufszweigen offen ständen.

So begann ich nach dem Tod meiner Mutter in Godesberg Jura zu studieren, die Vorlesungen fanden behelfsmäßig in einer Schule statt. Nach zweieinhalb Semestern merkte ich jedoch, dass der Stoff zu trocken für mich war. Ich ging zu meinem Professor und erklärte ihm, dass Jura nicht das sei, was ich mir vorgestellt hätte, und ich aufhören würde, zumal ich mich verloben wolle. Er war darüber sehr enttäuscht, denn außer mir gab es an der Juristischen Fakultät nur noch eine einzige weitere Jurastudentin!

Im Juni 1949, ein Jahr nach dem Tod meiner Mutter, verlobten Hermann Josef und ich uns. Diese Verbindung war für beide Familien sehr erfreulich. Ich hatte den Eindruck, mein Vater fand, dass seine Tochter in der Werhahn-Familie gut versorgt sei, die als konservative rheinisch-katholische Familie sehr angesehen war.

Verlobung mit Hermann Josef Werhahn 29.6.1949.

Er hatte allerdings durchaus seine Probleme mit dem Vater meines Mannes. Wilhelm Werhahn war eine sehr starke Persönlichkeit, sehr impulsiv und völlig anders als mein Vater. Er war weder diplomatisch noch besonders empfindsam, er konnte sehr polterig auftreten und tat seine Meinung gern deutlich kund. Dabei hatte er ein lautes Lachen und viel Humor. Mein Vater war dagegen sehr zurückhaltend.

Umgekehrt war die Familie Adenauer bei den Werhahns auch sehr angesehen, wenn auch bei ihnen gewisse Vorbehalte existierten. So hat mein Schwiegervater später in meinem Beisein gesagt: „Also, wir unterstützen ja den Adenauer und ich will nichts gegen ihn sagen, aber was ich nicht leiden kann, ist das Liberale von dem Adenauer." Das aber war genau das, was mein Mann so sehr an seinem Schwiegervater und später auch an mir schätzte. Mein Vater und ich hatten beide die liberale Veranlagung, die Dinge etwas großzügiger zu sehen, aus verschiedenen Perspektiven und damit einen weiteren Horizont. Letztlich haben sich diese beiden „Schwiegertiger", wie wir sie nannten, aber ganz gut vertragen und so wurde die Verlobung verkündet.

Hermann Josef machte, wie er das aus seiner Familie kannte, bei meinem Vater einen förmlichen Antrittsbesuch:

mit Blumenstrauß, Hut und einem neuen Mantel – er sah total verändert aus und wirkte ziemlich verklemmt, als er um mich warb.

Mein Vater dagegen war ganz entspannt und sagte sinngemäß: „Komm, Junge, jetzt wollen wir uns mal gemütlich zusammensetzen, ich kann mir schon denken, weswegen Sie hier sind." Er fragte ihn nicht etwa: „Was haben Sie gelernt, wovon werden Sie meine Tochter ernähren?", sondern es war alles ganz locker.

Zum Verlobungsempfang, der kurz darauf im Haus meines Vaters in Rhöndorf stattfand, wurden alle Verwandten eingeladen. Zuvor hatten wir meinen Vater vorgewarnt:

„Pass auf, Vater, es kann passieren, dass Hermann Josefs Vater so ganz beiläufig zu dir kommt und dich fragt, wann denn die Kinder heiraten sollen, denn bei Werhahns wird es sehr gerne gesehen, wenn das Paar spätestens sechs Wochen nach der Verlobung heiratet, weil sie es sonst vielleicht ‚nicht mehr aushalten können', wie es zur Begründung heißt. Wenn Vater Wilhelm also zu dir kommt, sag ihm bitte, wir sind noch nicht so weit, wir möchten uns gern noch besser kennen lernen und uns an den Zustand, verlobt zu sein, gewöhnen. Außerdem möchten wir gerne selbst bestimmen, wann wir heiraten wollen, aber sicher noch nicht in sechs Wochen. Dafür kennen wir uns noch viel zu wenig."

Mein Vater hatte dafür vollstes Verständnis – und es kam genau so, wie wir es vorausgesagt hatten!

Mein Schwiegervater stellte sich ganz beiläufig neben meinen Vater, zog aus der Westentasche seinen Kalender und sagte: „Herr Dr. Adenauer, nun wollen wir doch mal gucken, wann die Kinder heiraten sollen." Dann schlug er seinen Kalender auf und sagte: „In sechs Wochen, dachte ich, an dem Wochenende wäre ich frei."

Am Mienenspiel meines Vaters konnte ich erkennen, dass er seinen Spaß daran hatte zu sagen: „Ach, Herr Werhahn, das wollen wir doch lieber den Kindern überlassen."

Das war eindeutig nicht so gelaufen, wie mein Schwiegervater sich das gedacht hatte. Es lief manches nicht so, wie er sich das vorgestellt hatte.

Es folgte ein feierliches Verlobungsessen im Hause meiner Schwiegereltern, einem wunderschönen Stadthaus mit mehreren ineinandergehenden Räumen, die alle in der Mitte freigeräumt wurden, um einem langen Tisch Platz zu machen. Meine Schwiegermutter verstand es, herrlich zu dekorieren, der Tisch war mit feinstem Porzellan gedeckt, das während des Krieges auswärts gelagert und daher nicht zerstört worden war.

„Es folgte ein feierliches Verlobungsessen im Hause meiner Schwiegereltern, einem wunderschönen Stadthaus mit mehreren ineinandergehenden Räumen, die alle in der Mitte freigeräumt wurden, um einem langen Tisch Platz zu machen.“

Mina, die langjährige Haushaltshilfe meiner Schwiegereltern, hatte die Servietten zu wunderschönen Formen gefaltet, zwei davon in Form von Kronen, die für das Brautpaar waren.

So einen schön gedeckten Tisch hatte ich noch nie erlebt, denn in meinem Elternhaus war schon lange nicht mehr feierlich gedeckt worden. Im Krieg mit Sicherheit nicht, und daran, wie es früher in Köln gewesen war, konnte ich mich nicht erinnern.

Ich trug ein langes, blaues Kleid, das ich zu meinem ersten Ball bekommen hatte. Zu diesem Kleid fällt mir folgende Geschichte ein: Nach dem Krieg hatte das Aloysius-Kolleg in Godesberg für seine Schüler und Ehemaligen einen großen Ball veranstaltet. Paul hatte damals eine Einladung für Lotte und mich eingefädelt und dem Vater suggeriert, es sei für uns Mädchen doch schön, einmal an einem solchen gesellschaftlichen Ereignis teilzunehmen.

Da unser Vater wohl nach dem Tod unserer Mutter das Gefühl hatte, uns etwas Gutes tun zu müssen, ließ er für uns beide lange Kleider anfertigen – Lottes war grün, meines dunkelblau – und fuhr tatsächlich mit uns nach Godesberg, wo er sogar ein Hotelzimmer buchte, in das wir zu einer bestimmten Zeit zurückzukehren hatten. Es hätte phantastisch sein können, aber Lotte und ich fühlten uns so unglücklich in unseren Kleidern und unter all den Menschen, die wir nicht kannten, dass wir heilfroh waren, endlich wieder in unserem Hotelzimmer zu sein. Es war wirklich ein totaler Reinfall und wir schworen uns, dass uns so etwas nie wieder passieren durfte. Wir waren wohl noch nicht reif für eine solche Veranstaltung, auf der man Small Talk macht, sich darstellt und möglichst auch noch Kontakte knüpfen soll.

Und jetzt zurück zu der großen Verlobungsfeier im Haus meiner Schwiegereltern in der Königstraße. Wir waren eine große Gesellschaft: Meine Geschwister waren alle gekommen, ebenso wie die Geschwister meines Mannes, die Geschwister meiner Schwiegereltern sowie sämtliche Paten. Mein Vater saß neben einer angeheirateten Tante meines Mannes, die er schon kannte und mochte, und die sehr lustig und locker war.

„Meine Geschwister waren alle gekommen, ebenso wie die Geschwister meines Mannes, die Geschwister meiner Schwiegereltern sowie sämtliche Paten. Mein Vater saß neben einer angeheirateten Tante meines Mannes."

Während des Essens entspann sich über den Tisch eine Unterhaltung zwischen den beiden Vätern. Mein Schwiegervater wollte sich gern ein wenig darstellen, worauf er sich sehr gut verstand, und als das Gespräch auf den Heiligen Vater kam, sagte er: „Ich tue immer das, was der Heilige Vater sagt. Wissen Sie, Herr Dr. Adenauer, als ich in den dreißiger Jahren mit meiner Frau zum ersten Mal zur Privataudienz in Rom war, hat der Heilige Vater mich aufgefordert, ihn und die Kirche zu unterstützen. Das habe ich ihm auch zugesichert und dementsprechend haben wir auch gelebt. Als ich ihn dann im Jahre neunzehnhundert-was-weiß-ich noch einmal besuchte, waren die Zeiten schon sehr schwierig. Mütterchen, erinnerst du dich noch?“ Er nannte seine Frau immer Mütterchen. „Da habe ich dem Heiligen Vater gesagt: ‚Heiliger Vater, wir tun alles, was Sie uns befehlen. Ich lebe für die Kirche und ich sterbe für die Kirche!‘“ Er trug das außerordentlich theatralisch vor.

Von Seiten meines Vaters kam überhaupt keine Reaktion, was für meinen Schwiegervater sehr ungewöhnlich war.

Also hakte er nach: „Herr Dr. Adenauer, Sie sind doch sicher schon einmal in Rom gewesen?“

„Nein“, sagte mein Vater.

„Was? Sie sind noch nicht in Rom gewesen?“

Daraufhin sagte mein Vater ganz ruhig und pointiert: „Meinen Sie, Herr Werhahn, ich wollte meinen katholischen Glauben aufs Spiel setzen?“

Für meinen armen Schwiegervater war diese Antwort nur sehr schwer zu verkraften, er war total schockiert, während alle, die um sie herum saßen, lachten. Mein Vater war zu diesem Zeitpunkt wirklich noch nie in Rom gewesen. Was er mit seiner Antwort ausdrücken wollte, war, dass der ganze Aufwand, der in Rom getrieben wurde, ihm höchst suspekt war. Später lernte er den Papst und das Leben im Vatikan aus eigener Anschauung kennen und fand es ganz normal. Aber damals, 1949, hielt er vieles für übertrieben. Er regte sich beispielsweise immer darüber auf, dass der Kardinal im Kölner Dom vor den Gläubigen angekleidet wurde, weil er meinte: „Das gehört nicht in die Kirche, das hat nichts mit dem Gottesdienst zu tun.“

„Mein Vater war zu diesem Zeitpunkt wirklich noch nie in Rom gewesen. Was er mit seiner Antwort ausdrücken wollte, war, dass der ganze Aufwand, der in Rom getrieben wurde, ihm höchst suspekt war.“

Madeleine, eine Schwester meines Schwiegervaters, die meinem Vater gegenüber von saß, hatte die Pointe nicht richtig verstanden und konnte daher nicht mitlachen. Sie war sehr aufgetakelt, trug eine Perücke und sehr viel Schmuck. Madeleine war in der Familie dafür bekannt, dass sie sich gern zurechtmachte und stets ein Köfferchen mit ihren Schminksachen dabeihatte. Ab und zu nahm sie es auf ihren Schoß, zog sich die Lippen nach oder puderte sich. Deshalb hatte sie auch nicht mitbekommen, warum alle lachten, und sagte immer: „Was hat er gesagt, ich will auch lachen!"

Daraufhin fragte Vater mich: „Wer ist denn dieser Christbaum?"

Da lachte wieder alles, und sie hatte es wieder nicht verstanden. Es war wirklich toll, eine derart heitere und gelöste Atmosphäre habe ich im Hause meiner Schwiegereltern eigentlich nie wieder erlebt. Sie konnten zwar untereinander heiter sein, aber es war eine andere Art von Heiterkeit.

Unsere Hochzeit fand im Mai 1950 in Maria Laach statt. Kurz davor war die Schwester meines Vaters, Tante Lilly Suth, gestorben, eine sehr hoheitsvolle Frau, die mit Onkel Willy Suth, dem Oberstadtdirektor von Köln, verheiratet gewesen war. Aufgrund dieses plötzlichen Todesfalls sollte unsere Hochzeit eigentlich nur in kleinem Rahmen stattfinden. Aber als wir am 2. Mai nach sechs Wochen Trauerfrist in Maria Laach getraut wurden, kam doch eine große Schar von Gästen. In einem sehr feierlichen Gottesdienst wurden Hermann Josef und ich vom Abt von Maria Laach getraut. Da Vater damals bereits Bundeskanzler war, erregte unsere Hochzeit einiges Aufsehen. Es waren entsprechend viele Reporter da, was wir damals noch nicht gewöhnt waren.

„In einem sehr feierlichen Gottesdienst wurden Hermann Josef und ich vom Abt von Maria Laach getraut."

Es fiel mir nicht leicht, von meinem Vater wegzuziehen. Ich hatte eine so lange Zeit mit ihm gelebt und für ihn gesorgt. Zwar hatte ich in Bonn, wo ich studierte, ein Zimmer gehabt, an den Wochenenden war ich aber immer bei ihm gewesen.

Aber ich glaube, er war froh, dass ich eine so gute Partie machte. Zunächst zog ich nach Neuss zu meinen Schwiegereltern, in deren Haus wir ein Zimmer bewohnten. Es war damals im Nachkriegsdeutschland nicht einfach, eine Wohnung zu finden.

Mein Mann arbeitete in Mülheim und an den Wochenenden fuhren wir mit unserem VW-Käfer durch die Straßen und guckten, wo neue Wohnungen gebaut wurden. Eines Tages fanden wir schließlich durch Vermittlung von Verwandten eine kleine Wohnung in der Breitestraße. Sie lag im zweiten Stock und roch noch nach Farbe. Als ich kurz darauf schwanger wurde, musste ich mich ständig übergeben, weil der Farbgeruch so intensiv war.

Hochzeit in Maria Laach – 2. Mai 1950.

Als mein Vater mich zum ersten Mal in unserer neuen Wohnung besuchte, war ich sehr aufgeregt. Ich hatte etwas Gutes gekocht, und während ich in der Küche beschäftigt war, ging er durch die Zimmer und fuhr hier und da über die Bilderrahmen, um zu sehen, ob ich auch Staub gewischt hatte. Offenbar kam er zu dem Ergebnis, dass in diesem Haushalt alles seine Ordnung habe, zumal ich ihm auch noch einen starken Kaffee kochte, der für ihn immer wichtig war.

Mit der Zeit wurde uns die Wohnung in der Breitestraße jedoch zu klein, und als oben im Haus meiner Schwiegereltern in der Königstraße 41 eine Wohnung frei wurde, zogen wir dort ein. In dieser Wohnung hatte ein Lehrerehepaar gewohnt, das versetzt worden war. Der Mann Erwin de Haar, war früher der Privatlehrer meines Mannes gewesen. Er war sehr musikalisch und literarisch gebildet, und über die Jahre hatte sich zwischen ihm und meinem Mann eine tiefe Freundschaft entwickelt.

In dieser Wohnung über meinen Schwiegereltern wuchs unsere erste Tochter Monika auf. Da die Geburt schwierig zu werden versprach, brachte ich sie im Krankenhaus in Düsseldorf zur Welt. Meine anderen Kinder wurden alle zu Hause geboren, die Geburten waren unkompliziert. Als dann Stephan, unser zweites Kind, auf die Welt kam, wurde uns die Wohnung zu eng.

Ich auf unserer Hochzeitsreise ins Tessin.

Am liebsten wären wir aus der Stadt herausgezogen und hätten irgendwo im Grünen gebaut, weil wir wegen der Kinder gerne einen Garten gehabt hätten.

Doch was mein Vater immer für junge Familien propagiert und als Oberbürgermeister auch sehr unterstützt hatte – ein Eigenheim mit Garten – war uns selbst nicht vergönnt. Mein Schwiegervater hatte für diesen Gedanken kein Verständnis.

Eines Tages kam er und sagte: „Ich habe für euch ein Haus bei uns um die Ecke in der Elisenstraße gekauft."

Es war ein schönes Stadthaus, um die Jahrhundertwende gebaut, hatte jedoch nur ein winziges Gärtchen. Als ich es wagte, das anzusprechen, sagte mein Schwiegervater: „Du kannst jederzeit in den großen Garten zu uns kommen."

Zwischen dem Haus meiner Schwiegereltern und dem der Großeltern meines Mannes lag ein großer Innengarten, in dem auch er schon gespielt hatte. Das war ja alles schön und gut, aber es war nicht mein Garten und die Kinder konnten dort nie alleine spielen, es musste immer jemand als Aufsicht mitgehen. Wir besaßen zwar einen Torschlüssel für das Areal und konnten dort jederzeit ungestört hingehen, aber es war einfach nicht das, was ich mir vorgestellt hatte. Ich litt darunter, keinen eigenen Garten zu haben, wie ich es von Rhöndorf her kannte, und wollte mit den Kindern am liebsten hinausfahren, in die Felder, besaß aber kein eigenes Auto.

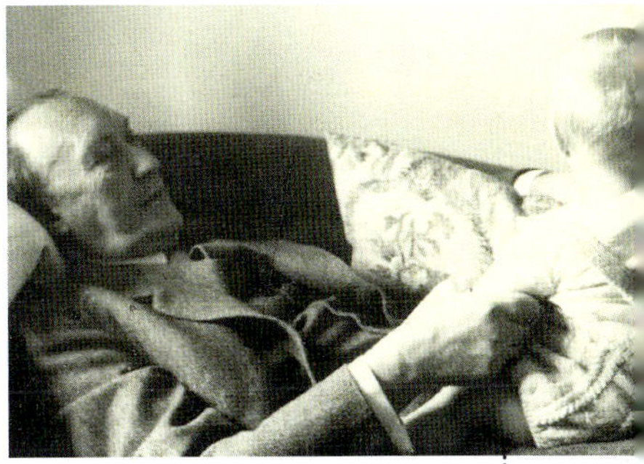

Vater mit Enkelin Monika - 1952.

Kurz vor der Geburt unseres dritten Kindes Charlotte starben meine Großeltern mütterlicherseits und hinterließen jedem Enkelkind ein kleines Erbe, etwa 10.000 Mark. Das war für mich ein Vermögen, und es war mein eigenes Geld! Überglücklich sagte ich zu meinem Mann: „Von diesem Geld kaufen wir für mich einen Volkswagen!“

Meine Kinder Monika und Stephan - 1952.

Hermann Josef war sofort Feuer und Flamme und besorgte Prospekte, aus denen wir dann das passende Auto aussuchten und kauften. Obwohl wir nicht in derselben Straße wohnten, bekam mein Schwiegervater diese Neuigkeit jedoch schnell mit. Vielleicht hatte er mich in dem Auto gesehen, was ich aber gar nicht glaube, denn er sah schlecht und guckte auch nie, was auf der Straße vor sich ging, denn er war immer sehr in Gedanken versunken.

Herman Josef mit Stephan und Monika (v.l.n.r.) - 1955.

Monika, Charlotte, Stephan (v.l.n.r.), Vater, hinten Hermann Josef und ich Weihnachten in Rhöndorf - 1959.

Vielleicht hatte es ihm auch jemand gesteckt, jedenfalls verlangte er von meinen Mann: „Verkauf das Auto wieder." Doch Hermann Josef erwiderte: „Das Auto gehört meiner Frau, das kann ich nicht so ohne weiteres verkaufen."

Darauf mein Schwiegervater: „Ich möchte aber nicht, dass die Libet ein eigenes Auto fährt."

„Warum denn nicht?"

„Das war bei Werhahns nie üblich, das kennen wir nicht, wir haben unsere eigenen Regeln. Libet kann jederzeit, wenn sie ihren Vater besuchen will, mein Auto mit Chauffeur haben, das macht deine Mutter auch. Also bitte, verkauf das Auto."

Hermann Josef und ich beratschlagten daraufhin gemeinsam und beschlossen: Wir lassen es darauf ankommen und verkaufen es nicht. Ich war so glücklich mit dem Auto. Ich fuhr mit den Kindern an den Rhein und über die Felder, und diese Ausfahrten waren wie eine Befreiung für uns, denn wir lebten ja mitten in der Stadt mit Zugang zu einem Gärtchen, das zwar sehr hübsch gestaltet, aber im Endeffekt doch nur ein Höfchen war.

Als wir kurz darauf am Sonntag bei meinem Vater waren,

schilderte ich ihm unsere schwierige Lage und erzählte ihm: „Stell dir vor, mein Schwiegervater ist dagegen, dass ich ein Auto besitze. Er hat mir gesagt, ich könne mir gern zehn Pelzmäntel oder Teppiche kaufen, das sei ihm alles egal, aber er wolle nicht, dass ich ein Auto habe. Dabei hat meine Schwägerin Emma, die außerhalb von Neuss wohnt, längst ein Auto, aber da sagt er nichts, das registriert er gar nicht."

Frühstück auf der Terrasse des Hauses in der Elisenstraße in Neuss – 1953.

Mein Vater hörte sich alles an, dachte nach und sagte schließlich: „Weißt du was, ich lade deine Schwiegereltern mal zu einer Teestunde ins Palais Schaumburg ein."
Kurz darauf schickte er ihnen eine Einladung mit einem Brief, in dem er ihnen mitteilte, es gäbe da eine Angelegenheit, die man zusammen besprechen sollte. Meine Schwiegereltern freuten sich sehr, denn sie waren noch nie im Palais Schaumburg gewesen, und eine Einladung vom Bundeskanzler fanden sie, glaube ich, auch ganz attraktiv.

Charlotte, Konrad, Annette(v.l.n.r.), hinten Monika und Stephan – 1963.

Mein Schwiegervater wusste natürlich sofort, worum es ging, denn er war ja schlau, aber er ließ sich nichts anmerken, ebenso wenig wie mein Vater. Im Palais Schaumburg wurde dann Tee getrunken und über dieses und jenes gesprochen. Mein Vater gab eine politische Tour d'Horizon, bei der er die Hintergründe aktueller politischer Ereignisse erläuterte, während mein Schwiegervater sichtlich immer unruhiger wurde.

Schließlich sagte er: „Das ist ja alles sehr interessant, Konrad, aber eigentlich sind wir doch zusammengekommen, um über dieses Auto zu reden."

Ferien im Schwarzwald: Stephan mit Konrad, Hermann Josef mit Charlotte, Monika und Annette (v.l.n.r.) – 1964.

„Ach, ja", erwiderte mein Vater, „da hast du Recht, das hatte ich doch schon fast vergessen."

„Ich verlange, dass das Auto verkauft wird", sagte mein Schwiegervater ohne Umschweife.

Darauf mein Vater: „Weißt du was, ich mache dir einen Vorschlag. Ich kaufe der Libet das Auto ab und schenke es ihr, damit sie mich immer besuchen kann." Und geschickt das Mitleid meines Schwiegervaters erweckend, fügte er hinzu: „Weißt du, ich bin so oft allein in Rhöndorf, da freue ich mich immer, wenn Libet kommt und mich besucht, das kannst du doch sicher verstehen. Ich bin ein alter Mann, wer weiß, wie lange ich noch lebe."

Diese Argumentation verschlug meinem Schwiegervater komplett die Sprache und ihm blieb nichts anderes übrig als einzuwilligen, wollte er nicht als hartherziger Mensch dastehen. So sagte er am Schluss nur: „Ja, aber nur so lange du lebst, danach wird das Auto verkauft."

Es war wirklich eine wahnsinnig komische Situation. Mein Mann und ich wussten nicht, wie mein Vater in dieser Situation taktieren würde, aber er hatte es ja hervorragend verstanden, das Blatt zu unseren Gunsten zu wenden. Seit der Zeit hatte ich mein Auto und war damit sehr glücklich.

Mein Mann hat sich nicht nur bei diesem Autothema hinter mich gestellt, sondern auch die vielen Staatsbesuche, die ich später mit meinem Vater unternahm, immer voll unterstützt.

Einmal sagte seine Schwester Marianne zu ihm: „Ach, du Armer, jetzt bist du schon wieder alleine, das muss doch wirklich schrecklich für dich sein." Woraufhin er ihr antwortete: „Also eines kann ich dir versichern, die Libet kommt jedes Mal besser nach Hause zurück, als sie weggefahren ist!"

„‚Ach, du Armer, jetzt bist du schon wieder alleine, das muss doch wirklich schrecklich für dich sein.' Woraufhin er ihr antwortete: ‚Also eines kann ich dir versichern, die Libet kommt jedes Mal besser nach Hause zurück, als sie weggefahren ist!'"

Er war sehr stolz auf mich, und kaufte mir auch mit Begeisterung die für den jeweiligen Staatsbesuch passenden Kleider. Er bekam mich ja in der Tat immer besser zurück. Mit neuen Eindrücken, mehr Menschenkenntnis und mehr Erfahrungen. Ich entwickelte einen weiteren Horizont und andere Maßstäbe.

■

Georg, ich, Hermann Josef, Gisela, Vater, Lotte, Max, Lola, Konrad und Paul (v.l.n.r.) in Rhöndorf am 15.9.1949: Konrad Adenauer wird vom Ersten Deutschen Bundestag zum Bundeskanzler gewählt.

14

Vater wird Bundeskanzler

Nach dem Tod meiner Mutter hatte sich Vater verstärkt in die politische Arbeit gestürzt. Ich glaube, sein Entschluss, noch einmal mit allen Kräften in die Politik einzusteigen, hatte vor allem damit zu tun, dass er sich von seiner tiefen Trauer ablenken musste. Jedenfalls erzählte er mir später, dass seine

Arbeit für die CDU für ihn ein Narkotikum war, mit dem er gegen seinen tiefen Schmerz anging. Dies entsprach auch seiner Maxime, dass man seine Verantwortung spüren und seiner Berufung nachgehen muss und sich nicht aufgeben darf.

Als Oberbürgermeister von Köln war er 1945 bereits nach kurzer Zeit wieder entlassen worden. Das hing damit zusammen, dass die Engländer, die damals in Köln am Aufbau der Verwaltung beteiligt waren, sozialistisch ausgerichtet waren und ihnen dieser konservative, als Zentrums-Mann bekannte Adenauer im Weg war. Außerdem gab es von Seiten der Sozialistischen Partei verschiedene andere Anwärter auf das Amt des Oberbürgermeisters.

„Als Oberbürgermeister von Köln war er 1945 bereits nach kurzer Zeit wieder entlassen worden. Das hing damit zusammen, dass die Engländer, die damals in Köln am Aufbau der Verwaltung beteiligt waren, sozialistisch ausgerichtet waren.“

Für meinen Vater war seine Entlassung damals sehr hart. Ich weiß noch, wie die Eltern am 6. Oktober nach Hause kamen, der Vater mit versteinertem Gesicht, die Mutter mit hängenden Schultern, und zu uns sagten: „Kinder, kommt mal, wir müssen euch etwas mitteilen.“

Wir waren damals regelrecht in Hochstimmung gewesen, weil wir dachten: Jetzt, wo der Vater wieder Oberbürgermeister ist, kommt alles wieder ins Lot.

Doch nun erklärte er uns plötzlich: „Die Engländer haben mich heute rausgeschmissen.“

Aus dieser Enttäuschung zog er die Konsequenz, sich nun vollends dem Aufbau der Christlich-Demokratischen Union zu widmen. Seine grundsätzlichen politischen Überlegungen hierzu sind Anneliese Poppingas Chronik über Konrad Adenauer zu entnehmen:

Schon vor dem Zusammenbruch hatten wir im engsten Kreise Pläne zur Gründung einer Partei, die die beiden christlichen Konfessionen umfassen sollten, überlegt. Wir wollten eine auf dem Boden des Christentums stehende Partei deswegen, weil wir überzeugt waren, daß nur eine solche Partei dem Nationalsozialismus, der ja in einigen Resten vorhanden sein würde, und vor allem dem Kommunismus, der von Osten her Deutschland überflutete, widerstehen könnte.

Im März 1946 wurde Vater Vorsitzender der CDU der britischen Zone, im Oktober desselben Jahres Fraktionsvorsitzender der CDU im Landtag des neu geschaffenen Bundeslandes Nordrhein-Westfalen. Seine Leitlinien für den Neuaufbau Deutschlands umriss er in einer Grundsatzrede vor 4.000 Zuhörern in der Aula der Kölner Universität:

„Im März 1946 wurde Vater Vorsitzender der CDU der britischen Zone, im Oktober desselben Jahres Fraktionsvorsitzender der CDU im Landtag des neu geschaffenen Bundeslandes Nordrhein-Westfalen."

Nach der dem Programm der CDU zugrunde liegenden Auffassung ist die Person dem Dasein und dem Range nach vor dem Staat [...]. Der Fundamentalsatz des Programms der CDU, der Satz, von dem alle Forderungen unseres Programms ausgehen, ist ein Kerngedanke der christlichen Ethik: Die menschliche Person hat eine einzigartige Würde, und der Wert jedes einzelnen Menschen ist unersetzlich. Aus diesem Satz ergibt sich eine Staats-, Wirtschafts- und Kulturauffassung, die neu ist gegenüber der in Deutschland seit langem üblichen. Nach dieser Auffassung ist weder der Staat, noch die Wirtschaft, noch die Kultur Selbstzweck; sie haben eine dienende Funktion gegenüber der Person [...]. Das deutsche Volk krankt seit vielen Jahrzehnten in allen seinen Schichten an einer falschen Auffassung vom Staat, von der Macht, von der Stellung der Einzelperson. Es hat den Staat zum Götzen gemacht und auf den Altar erhoben. Die Einzelperson, ihre Würde und ihren Wert hat es diesem Götzen geopfert.

Wenn in Rhöndorf die Sitzungen mit CDU- und CSU-Politikern stattfanden, musste ich Kaffee und Schnittchen reichen. Dabei bekam ich auch mit, wie überlegt wurde, wer Minister und wer Ministerpräsident der einzelnen Länder werden sollte, denn damals kam erstmals der Föderalismus-Gedanke auf. Da gab es schon manches Gerangel, weil jeder seine eigene Vorstellung hatte, wie das laufen sollte. So weit ich es beurteilen konnte, ließ der Vater sich zwar gelegentlich auch auf einen Kompromiss ein, aber meistens drehte er es doch so, dass seine Vorstellungen sich durchsetzten.

Kurt Schumacher von der SPD war 1949 Vaters Gegenkandidat.

Das lag nicht immer nur an der Überlegenheit seiner Argumente. Aber er hatte im Laufe der Zeit gelernt, geschickt zu taktieren. Er konnte sehr gut mit Menschen umgehen und verstand es, auf sie einzugehen. Er konnte sich auch schnell ein Bild von einem Menschen machen und wusste dann, ob jemand es ehrlich meinte, ob er wirklich Fundament und das nötige Wissen hatte und wie man ihn anpacken musste.

Mein Vater nahm seine Mitmenschen – egal welcher Schicht sie angehörten – ernst. Er konnte allerdings auch sehr pessimistisch sein, womit er es anderen und auch uns oft recht schwer machte, sicher auch sich selbst. Es wurde ihm nachgesagt, er erkenne mit einem Blick die Schwachstellen seines Gegenübers. Aber seine Grundeinstellung, vor allem im Politischen, war dennoch, dass man die Freiheit seiner Mitmenschen respektieren muss.

Das Wichtigste war jedoch, dass er sehr gut zuhören konnte, weil er sich wirklich für Menschen interessierte. Das hat mein Mann immer sehr hervorgehoben. Als Hermann Josef uns damals kurz nach seiner Kriegsgefangenschaft in Rhöndorf besuchte, sagte mein Vater eines Tages zu ihm, er würde gern einmal von seinen Erlebnissen in Russland hören.

CDU Wahlkampfplakat 1953.

Hermann Josef war völlig sprachlos, dass sich ein Mann, vor dem er größte Hochachtung hatte, für ihn interessierte und ihm wirklich zuhörte. Alle anderen hatten zwar gesagt: „Ach, du bist wieder da, du hast sicher viel zu erzählen, wie war es denn?" Aber wenn er dann anfing, von den schrecklichen Erlebnissen seiner Kriegsgefangenschaft zu reden, wollten seine Zuhörer doch lieber nichts davon wissen. Hier nun erlebte er einen Menschen, der ihn ernst nahm, auch in seiner Jugendlichkeit, und ihm wirklich zuhörte. Das hat ihn tief beeindruckt. Er hat manchmal gedacht, dass die drastischen Schilderungen seiner Erlebnisse in russischer Gefangenschaft dazu beigetragen haben, dass mein Vater Stalin gegenüber so unnachgiebig war. Das ist durchaus möglich, denn er sammelte die Informationen, die er für seine Entscheidungen brauchte, immer aus vielen verschiedenen Quellen.

Sonntagnachmittags besuchten Lotte und ich unseren Vater abwechselnd mit unseren Familien. Meine Brüder waren manchmal etwas eifersüchtig darüber, dass er lieber seine Töchter um sich hatte als sie. Vielleicht lag es daran, dass wir besser auf ihn eingehen konnten. Wir sahen sofort, ob er gut oder weniger gut gelaunt war, und sprachen dann erst einmal über für uns alltägliche Dinge, wie beispielsweise über unsere Kinder.

Meistens kamen wir dann aber sehr schnell auf politische Themen, die uns natürlich sehr interessierten, weil wir die Woche über nur durch Zeitungen und Nachrichten informiert wurden. Vom Vater bekamen wir nun die ganzen Hintergrundinformationen, die uns halfen, manche Begebenheit richtig zu entschlüsseln und nachzuvollziehen, was einem durch eine kurze Nachricht oder einen Kommentar oft nicht gelingt.

So erklärte er uns auch, warum er die Westintegration und die Beziehungen zu Frankreich vorantrieb und weshalb Amerika unser wichtigster Bündnispartner war. Amerika repräsentierte für ihn die Freiheit und er wollte den Menschen in Deutschland ein wirklich freies Leben ermöglichen. Die Diktatur, unter der wir in Deutschland gelitten hatten und die im Osten, wenn auch unter anderen Vorzeichen, noch weitergeführt wurde, fand er entsetzlich. Die menschliche Freiheit – die geistige Freiheit, die Redefreiheit, die Freiheit zu reisen, am meisten jedoch die innere Freiheit – war für ihn das Essentiellste überhaupt. Er sprach oft mit uns darüber, dass sich diese Freiheit für Deutschland nur über die feste Bindung an den Westen erreichen ließe, und dabei war natürlich Frankreich als Nachbarland ein ganz wichtiger Partner.

„So erklärte er uns auch, warum er die Westintegration und die Beziehungen zu Frankreich vorantrieb und weshalb Amerika unser wichtigster Bündnispartner war. Amerika repräsentierte für ihn die Freiheit und er wollte den Menschen in Deutschland ein wirklich freies Leben ermöglichen."

Im Kern war er davon überzeugt, dass es nur einen Weg gab, die beiden Hälften Deutschlands wieder zu vereinen, und der war, Russland gegenüber unnachgiebig zu sein. Man hat ihm oft vorgeworfen, dass er die Wiedervereinigung hinausgezögert habe und sie im Grunde gar nicht wollte, aber das stimmt so nicht. Er musste die Westbindung der Ostbindung vorziehen, denn er war abhängig von den Alliierten, die dies untereinander so vereinbart hatten. Es gab zwar von Sowjet-Seite aus Angebote zur Wiedervereinigung, aber nur um den Preis eines neutralisierten Deutschlands.

Das war für ihn völlig undenkbar, insbesondere nachdem die römischen Verträge unterzeichnet worden waren und damit die Einigung Europas begonnen hatte. Die Bindung Deutschlands an das westliche Europa und an Amerika voranzutreiben, war für ihn das A und O seiner Politik. Vater war Garant für die Siegermächte, Garant für eine freie Zukunft Deutschlands und eine sichere Nachbarschaft in Europa.

„Im Kern war er davon überzeugt, dass es nur einen Weg gab, die beiden Hälften Deutschlands wieder zu vereinen, und der war, Russland gegenüber unnachgiebig zu sein. Man hat ihm oft vorgeworfen, dass er die Wiedervereinigung hinausgezögert habe und sie im Grunde gar nicht wollte, aber das stimmt so nicht. Er musste die Westbindung der Ostbindung vorziehen, denn er war abhängig von den Alliierten, die dies untereinander so vereinbart hatten.“

Mit den Engländern kam er allerdings nicht gut zurecht, sie lagen ihm einfach nicht, auch mit ihrem Humor konnte er nicht so viel anfangen. Außerdem hatten sie ihn ja aus seinem Amt als Oberbürgermeister verdrängt. Als große Kolonialmacht hatten die Engländer traditionell etwas sehr Bestimmendes, was sie auch deutlich zu demonstrieren versuchten.

Von 1948 an arbeitete er als Präsident des Parlamentarischen Rates mit an der Verfassung für die neue Bundesrepublik, die „Grundgesetz“ genannt wurde und als Provisorium bis zur Wiedervereinigung Deutschlands gedacht war.

1949 begann der Wahlkampf für die Bundestagswahl, so dass Vater viel mit dem Auto unterwegs war und nur nachts nach Rhöndorf zurückkehrte, weil er lieber zuhause schlafen wollte. Ein paar Mal begleitete ich ihn auf seinen Fahrten.

Am 14. August 1949 fand die erste Bundestagswahl im Nachkriegsdeutschland statt. Es war ein sehr eindrucksvolles Erlebnis für uns alle. Unsere Familie saß oben auf der Empore der Pädagogischen Akademie in Bonn, wo der erste Bundestag eingerichtet worden war, und wir erlebten, wie Vater mit einer Stimme Mehrheit gegen den Sozialdemokraten Kurt Schumacher zum Bundeskanzler gewählt wurde – vermutlich war diese Stimme seine eigene. Vater war für unsere Begriffe mit seinen 73 Jahren eigentlich schon ziemlich alt für dieses Amt, aber ihm war klar, dass es in der Nachkriegszeit wenige Menschen ohne Nazi-Vergangenheit gab, die etwas von Politik verstanden und Verantwortung übernehmen konnten. In den Jahren des Krieges und der Verfolgung durch die Nazis waren viele fähige Menschen umgekommen. Insofern wurde er gebraucht, und dieses Gefühl, gebraucht zu werden und – das klingt vielleicht für heutige Verhältnisse etwas theatralisch – für sein Volk und Vaterland etwas zu tun und daran zu arbeiten, dass es wieder aus seinem Elend herauskam, hat er sehr deutlich gespürt. Er hatte ja gesehen, wie dieses Volk ins Elend hineintrieb und nun war sein ganzes Bestreben darauf gerichtet, seinem Volk wieder zu Selbstbewusstsein und Vertrauen zu verhelfen.

„[...] dieses Gefühl, gebraucht zu werden und – das klingt vielleicht für heutige Verhältnisse etwas theatralisch – für sein Volk und Vaterland etwas zu tun und daran zu arbeiten, dass es wieder aus seinem Elend herauskam, hat er sehr deutlich gespürt."

Das war für ihn wie ein Befehl, ja wie eine Mission:

‚Jetzt ist der entscheidende Augenblick, hier musst du tätig werden'.

Es war nicht, wie man es heute oft bei Politikern erlebt, der Wunsch, sich selbst zu zelebrieren, sondern eher eine

Aufgabe für ihn; an sich selbst hat er dabei überhaupt nicht gedacht. Vielleicht war er später stolz auf sich und das, was er geleistet oder in Bewegung gesetzt hatte, aber er hat darüber nie gesprochen und es auch nie durchblicken lassen. Man merkte ihm an, dass derartige Überlegungen für ihn überhaupt nicht wichtig waren. Das habe ich auch auf den vielen Reisen, auf denen ich ihn begleitet habe, immer gespürt.

„Es war nicht, wie man es heute oft bei Politikern erlebt, der Wunsch, sich selbst zu zelebrieren, sondern eher eine Aufgabe für ihn.“

■

Vater unterzeichnet den NATO-Vertrag in Paris am 23. Oktober 1954.

15

Die Reisen mit meinem Vater

In den ersten Jahren nach meiner Heirat war ich zunächst sehr mit meinen Kindern beschäftigt. Meine Schwester Lotte, die damals noch unverheiratet war, begleitete Vater stellvertretend für die fehlende First Lady auf seinem ersten Staatsbesuch in Amerika und auf seiner ersten Reise nach Israel. Nachdem auch sie geheiratet und Kinder bekommen hatte, wechselten wir beide uns als Begleiterinnen meines Vaters mehr oder weniger ab. Vor allem nach Amerika nahm er mich gern mit, ich war dort insgesamt etwa zwölf Mal mit ihm.

Vater reiste gerne, und ganz besonders gern reiste er nach Amerika, weil er die Amerikaner großzügig, verständnisvoll, hilfsbereit und aufgeschlossen fand. Ich nahm an solchen Staatsbesuchen immer mit großer Freude, Spannung und Neugierde teil.

„Vater reiste gerne, und ganz besonders gern reiste er nach Amerika, weil er die Amerikaner großzügig, verständnisvoll, hilfsbereit und aufgeschlossen fand. Ich nahm an solchen Staatsbesuchen immer mit großer Freude, Spannung und Neugierde teil.“

Vor einer dieser Reisen in die USA hatten mein Mann und einige meiner Kinder mich zum Flughafen, dem jetzigen Konrad Adenauer-Flughafen Köln-Bonn, gebracht. Ich trug einen neuen Hut, auf den ich sehr stolz war. Mein Vater kam auf uns zu und begrüßte uns. Aber irgendetwas muss ihm wohl an meinem Hut missfallen haben, jedenfalls packte er ihn plötzlich und drückte ihn ein. Ich war entsetzt, denn erstens war es ein nagelneuer Hut und zweitens waren wir ja nicht allein auf dem Flughafen, sondern umgeben von Menschen, die uns beobachteten. Aber das störte ihn überhaupt nicht, er hatte seinen Spaß daran!

Schon bei unserer Begrüßung, spätestens jedoch beim Abheben des Flugzeugs, konnte man deutlich merken, wie Vaters Stimmung immer besser wurde und wie sehr er sich freute, dem Alltag in Bonn und dem manchmal sehr mühsamen und kleinteiligen politischen Geschäft eine Zeit lang entronnen zu sein. Endlich konnte er die Aktenberge und die vielen Besprechungen einmal hinter sich lassen. Auf diesen langen Transatlantikflügen studierte er zwar noch sehr genau die aktuellen Tageszeitungen, aber irgendwann ließ er auch die hinter sich und wurde richtig gut gelaunt, so dass wir auf unseren Reisen viel Spaß miteinander hatten. Bei diesen Staatsbesuchen war bei ihm nie etwas von Eitelkeit oder Arroganz zu spüren, er blieb immer sehr bodenständig und menschlich. Ich selbst war viel eher in der Versuchung, ein bisschen die Bodenhaftung zu verlieren, denn ich war ja noch sehr jung, und was ich sah und erlebte, waren Traumwelten: Ich lernte ja all diese interessanten und bedeutenden Menschen kennen, von denen man sonst nur in den Zeitungen und Zeitschriften las. Aber mein Vater holte mich immer sehr schnell auf den Boden der Tatsachen und der Wirklichkeit zurück, so dass keine allzu langen Höhenflüge möglich waren.

„Während ich meinen Vater als Kind unendlich bewundert hatte und er für mich einfach der Größte war, änderte sich unser Verhältnis durch diese gemeinsamen Reisen, weil ich nun für ihn eher wie eine gleichberechtigte Partnerin war."

Während ich meinen Vater als Kind unendlich bewundert hatte und er für mich einfach der Größte war, änderte sich unser Verhältnis durch diese gemeinsamen Reisen, weil ich nun für ihn eher wie eine gleichberechtigte Partnerin war. Wenn wir abends nach den offiziellen Essen oder Empfängen zusammensaßen und beim Pfefferminztee den Tag noch einmal Revue passieren ließen, mussten wir oft sehr lachen, weil uns die komischen Situationen wieder einfielen, die wir tagsüber erlebt hatten. Diese Momente haben uns einander sehr nahe gebracht.

Wir hatten auch auf unseren Flügen viel Spaß miteinander. Ich erinnere mich an einen Rückflug von Amerika, an dem auch Bundespressechef Felix von Eckardt teilnahm, ein sehr lebendiger, geistreicher und lustiger Herr. Irgendwann schnappte er sich meinen Hutkoffer und probierte nacheinander alle meine Hüte auf. Dann stolzierte er derart gut behütet durch das Flugzeug und inszenierte vor uns eine Modenschau! Wir haben uns gebogen vor Lachen. Aber sobald Vater sich wieder in die Tageszeitungen vertiefte, überkam ihn die „Ach-jetzt-geht-das-alles-wieder-los-Stimmung". Es ging ja auch alles wieder los und er war unglaublich pflichtbewusst. In Köln angekommen, fuhr er kurz nach Rhöndorf, um zu duschen und sich umzuziehen. Kurz danach saß er schon wieder in seinem Büro und schrieb auf, was er erlebt hatte, notierte die Gedankengänge und Formulierungen, die ihm zu den Geschehnissen eingefallen waren, und versetzte seine Umgebung und sich schnell wieder in volle Aktivität. Der politische Alltag ging nahtlos weiter.

Nixons, Johnsons, Kennedys

Meine erste offizielle Reise mit Vater führte im Juni 1956 in die USA. In Washington trafen wir Präsident Dwight David Eisenhower, Vize-Präsident Richard Nixon und Außenminister John Foster Dulles. Wir wohnten in der Deutschen Botschaft, wo Heinz Ludwig Hermann Krekeler, der erste Botschafter Deutschlands in den USA, an einem Abend ein feierliches Diner mit dem Vize-Präsidenten für uns gab. Richard Nixon suchte immer ein gutes Einvernehmen mit meinem Vater, dessen politischen Instinkt er sehr bewunderte.

„Richard Nixon suchte immer ein gutes Einvernehmen mit meinem Vater, dessen politischen Instinkt er sehr bewunderte."

Wir saßen an einer langen Tafel, Vater hatte Mrs. Nixon als Tischdame, ich saß ihnen schräg gegenüber. Plötzlich entstand eine Unruhe am Tisch, erst bückte sich Mrs. Nixon, dann bückte sich mein Vater, und als ein Kellner herbeieilte, hielt Vater ein prächtiges, funkelndes Brillantarmband in die Höhe und sagte: „Was für ein Glück, dass ich da nicht drauf getreten bin!“ Woraufhin Pat Nixon erwiderte: „Ach, das hätte auch nichts geschadet, das ist alles nur Glas!“ Amerikanischer Pragmatismus!

Im Mai 1959 begleitete ich Vater anlässlich der Beerdigung von John Foster Dulles, dem damaligen US-Außenminister, auf einer Amerikareise. Zuvor jedoch besuchten wir Präsident Lyndon B. Johnson in Texas auf seiner Ranch. Es war für mich ein unglaubliches Erlebnis. Die für das Abendessen geladenen Gäste kamen mit dem Flugzeug und landeten irgendwo auf der weitläufigen Farm. Wir wurden zu einem Hubschrauber-Rundflug eingeladen, um die Ausmaße dieser riesigen Farm von oben zu bewundern. Johnsons hatten ein sehr schönes, gemütliches Haus. Ladybird Johnson war eine vorbildliche Gastgeberin und als Besitzerin mehrerer Fernsehsender in Texas eine sehr einflussreiche Frau.

Vater am Strand von Waikiki im März 1960.

Nach einem wunderbaren Dinner wurde am nächsten Tag noch ein Barbecue mit aufwendig kostümierten Gästen veranstaltet. Vater bekam einen Pferdesattel geschenkt, den er später an mich weiterverschenkte, sowie einen Cowboyhut aus Biberfell. Ladybird Johnson gab mir die ersten Baby Doll-Puppen für meine Kinder mit, was ein Riesenerfolg zuhause war, denn diese Art Spielzeug gab es zu der Zeit in Deutschland überhaupt noch nicht.

***

Vom 11. bis zum 17. April 1961 waren wir bei Kennedys in den USA. Kurz vor der Landung gab es einen kleinen Zwischenfall, der für die Außenstehenden dramatischer wirkte als er im Endeffekt war: Vater ging zur Landung immer nach vorn ins Cockpit, weil es ihm große Freude bereitete, den Anflug aus nächster Nähe zu verfolgen. Dabei verletzte er sich dieses Mal am Kopf und blutete stark. So konnten wir unmöglich landen, also kreiste unser Flugzeug einige Male über dem Flughafen, während Vater verarztet wurde. Unten sah ich die Empfangsdelegationen, die nicht wussten, was los war, immer aufgeregter und unruhiger in ihre Funktelefone sprechen. Dann Erleichterung, als wir endlich landeten und Vater mit einem Pflaster auf der Stirn, aber ansonsten wohlauf, die Gangway herunter kam.

Jacqueline Kennedy.

Ich war sehr gespannt auf Jackie Kennedy, über die man in den Illustrierten damals viel las. Sie war wirklich eine überaus elegante, dabei aber freundliche und sehr zugängliche Frau. Sie hatte sehr viel Charme, ohne von sich eingenommen zu sein. Ich war damals mit meinem Sohn Konrad schwanger, und eines Tages wurden wir auch in die Privaträume des Präsidentenpaares im Weißen Haus eingeladen und lernten dabei ihre Kinder kennen. John-John war noch ganz klein.

John Kennedy und seine Frau Jacqueline (Jackie).

Wir wurden in Kinderzimmer geführt, die von Spielzeug nur so überquollen, man konnte kaum irgendwohin treten, und in jedem Zimmer stand ein Fernsehgerät. Die Kinder hielten gerade ihren Mittagsschlaf, über den eine daneben sitzende Mummy wachte.

Mein Vater erzählte, dass ich ein Baby erwarte und dass dies bereits mein fünftes Kind sei. Dann sprach er von seinen Erziehungsmaximen: Er sei der Meinung, man müsse die Kinder im ersten Lebensjahr ganz in Ruhe lassen und dürfe sie überhaupt nicht ablenken, sie müssten sich erst einmal selbst entdecken. Da ist etwas Wahres dran, was man heute überhaupt nicht mehr beachtet. Auf jeden Fall präsentierte sich Vater den Kennedys gegenüber als erfahrener Großvater und konnte über dieses Kinderthema sehr geschickt den großen Altersunterschied zwischen sich und Kennedy überbrücken.

„Ich war sehr gespannt auf Jackie Kennedy […]. Sie war wirklich eine überaus elegante, dabei aber freundliche und sehr zugängliche Frau.“

Für diesen wichtigen Staatsbesuch hatte ich übrigens ein neues Abendkleid bekommen, das mir ausgesprochen gut gefiel. Hinterher stand jedoch ein Bericht mit Foto von mir in der Zeitung, in dem es hieß, ich hätte den „Rheinischen Teepuppenstil“ verkörpert und bräuchte unbedingt eine bessere Beratung bezüglich meiner Kleidung!

Beim Papst

Im März 1957 begleitete ich Vater nach Rom zur feierlichen Unterzeichnung der Römischen Verträge über die Gründung der Europäischen Wirtschaftsgemeinschaft (EWG), des Vorläufers der EU.

Rom war unglaublich. Mein Mann und ich waren auf unserer Hochzeitsreise dort gewesen und hatten uns die Sehenswürdigkeiten der Stadt angesehen, wir waren auch Zuschauer bei einer Papstaudienz gewesen. Aber dieser Rom-Besuch mit dem Vater war einfach überwältigend.

Wir waren im Hotel Hassler auf einem der Hügel Roms neben der Kirche Trinita dei Monti komfortabel untergebracht. Vor den Appartements war ein durch Zwischenwände unterteilter großer Balkon. An dem Tag, als der Heilige Vater, Papst Pius XII., alle Staatsvertreter empfing, trat ich auf den Balkon vor Vaters Zimmer, als plötzlich aus dem anderen Zimmer Joseph Bech herauskam, der Ministerpräsident von Luxemburg, ein ganz gemütlicher, netter Mann. „Ach, gnädige Frau", sagte er, „könnten Sie mir bitte meine Frackschleife zubinden, ich krieg es einfach nicht hin!" Also habe ich dem luxemburgischen Ministerpräsidenten über das Gitterchen hinweg seine Frackschleife gebunden! Auch der Umgang mit den anderen Politikern war ganz locker und unkompliziert.

„Die Audienz war sehr feierlich. Zunächst war mein Vater allein beim Papst, danach wurde die Delegation dazugebeten."

Beim Gang durch den Vatikan wurden die einzelnen Delegationen von Schweizer Gardisten in Uniform begleitet, die vor uns herschritten, während mehrere Geistliche aus dem Vatikan der Delegation folgten, so dass eine lange Prozession entstand. Manchmal kamen uns auf den endlosen Gängen durch den Vatikan andere Gruppen entgegen, die von ihrer Audienz bereits zurückkehrten und uns beschwingt zuwinkten: „Wir haben es schon hinter uns!"

Die Audienz war sehr feierlich. Zunächst war mein Vater allein beim Papst, danach wurde die Delegation dazugebeten. Ich hatte mir für diesen Anlass von einer Kusine meines Mannes ein langes schwarzes Kleid mit Schleier geliehen, weil ich so etwas überhaupt nicht besaß, und war somit ganz korrekt angezogen.

Die Unterzeichnung der Verträge fand in den schönen römischen Quirinalräumen statt und war sehr beeindruckend. Ich hatte einen Platz an der Wand, von wo aus ich alles genau beobachten konnte.

Dass die Siegermächte auf Deutschland, das den Krieg angezettelt und verloren hatte, zukamen, um mit uns ein gemeinsames Europa aufzubauen, hat mich damals kolossal beeindruckt. Bei den Repräsentanten der unterzeichnenden

Länder (Deutschland, Frankreich, Italien und die Benelux-Staaten) herrschte Zuversicht und die Bereitschaft, sich für ein vereintes Europa einzusetzen. Mein Vater hielt einen Zusammenschluss Europas nicht nur aus politischen, sondern auch aus wirtschaftlichen Gründen für notwendig, weil er der Meinung war, angesichts des technologischen Fortschrittes könne künftig kein einziges europäisches Land mehr für sich allein eine Rolle spielen.

Rom, Verträge über Zollpakt und Eurotom unterzeichnet.

Nach der Unterzeichnung gab es einen großartigen Empfang und auch mich erfasste die allgemeine Begeisterung für ein vereintes Europa. Europa war etwas sehr Konkretes, was man sich vorstellen konnte, was machbar und wünschenswert war und wofür man sich als junger Mensch begeistern konnte. Diese Gemeinschaft in Europa bedeutete ja auch, dass wir als Deutsche nicht mehr isoliert waren. Wir hatten durch die Gräuel der Hitlerzeit und den verlorenen Krieg nur noch ein schwaches Nationalgefühl. Aber nun öffneten sich plötzlich wieder Türen zu unserer Anerkennung, und es ebneten sich Wege für Deutschland, wieder in die Völkergemeinschaft zurückzukehren, und das tat einfach gut.

Es gab auf dieser Reise noch ein sehr komisches Erlebnis. Vater war von den hohen Bischöfen und Kardinälen – alle sehr beeindruckende Persönlichkeiten – in der deutschen Vatikan-Botschaft zu einem kleinen Abendessen eingeladen worden. Das Essen fand in einer der obersten Etagen statt, von wo aus man einen wunderschönen Blick über Rom hatte. Wir wurden unten mit einem Aufzug abgeholt, in dem zur zeremoniellen Untermalung Kerzenträger standen. Vater fand das sehr gefährlich und beanstandete dies auch sofort.

Das Dinner war sehr feierlich, aber auch ziemlich steif. Weil es ihm gegen den Strich ging, dass die Geistlichen so überhaupt nicht aus sich herauskamen, konnte Vater es sich nicht verkneifen, den Versuch zu unternehmen, sie aus der Reserve zu locken. So sagte er schließlich während des Essens, er sei hier ja unter sehr klugen Herren, und ihn bewege schon lange die Frage, warum Gott zwar der menschlichen Klugheit Grenzen gesetzt habe, nicht aber der menschlichen Dummheit. Vater hatte diese Frage nur in die Runde geworfen, um zu provozieren, aber die hohen Herren fingen nun an, dieses Thema intensiv zu diskutieren und ihre religiösen Kommentare dazu abzugeben. Es war irrsinnig komisch und Vater und ich blinzelten uns dabei heimlich zu.

„Typisch für ihn war, dass er sich immer bemühte, die Atmosphäre aufzulockern, um einen persönlichen Kontakt zu seinen jeweiligen Gesprächspartnern herzustellen. Er hatte auch immer einen Blick für das Komische einer Situation – das nahm er sofort wahr.“

Typisch für ihn war, dass er sich immer bemühte, die Atmosphäre aufzulockern, um einen persönlichen Kontakt zu seinen jeweiligen Gesprächspartnern herzustellen. Er hatte auch immer einen Blick für das Komische einer Situation – das nahm er sofort wahr. Beim Abflug sagte er mehr als einmal: „Die sind jetzt froh, dass ich wieder weg bin!“ Er wusste ja, wie viel Arbeit und Anspannung so ein Staatsbesuch für das Protokoll bedeutete.

Beim Schah von Persien

Von Rom aus flogen wir weiter nach Teheran. Für diesen Staatsbesuch beim Schah von Persien hatte ich einige neue Outfits bekommen. Es hieß, ich müsse immer einen Hut tragen, und Tessi Steigleder, meine Hut-Mamsell aus Düsseldorf, hatte mir mit Begeisterung verschiedene Hüte kreiert, die jeweils zum Kleid passten und teilweise auch aus demselben Stoff gefertigt waren. Ich fühlte mich also sehr passend ausgestattet.
An einem der Abende waren wir zu einem Festessen in den Palast eingeladen. Wir saßen an einer wunderschön gedeckten langen Tafel – und ich hatte tatsächlich den Schah als Tischherrn, den Mann, von dem damals in Deutschland alle Frauenzeitschriften schwärmten! Ich weiß noch, dass ich dasselbe Kleid trug, das ich auf der Hochzeit meiner Schwester Lotte angehabt hatte. Es war dreiviertellang, eng und aus zartrosa-beigem Organza, mit etwas schwarzer Spitze abgesetzt – ein wunderschönes Kleid, das im Rücken mit einem Reißverschluss geschlossen wurde, damit es schön auf Taille saß.

„Der Schah war sehr freundlich und sah wirklich blendend aus, aber einen starken Eindruck machte er auf mich eigentlich nicht."

Der Schah war sehr freundlich und sah wirklich blendend aus, aber einen starken Eindruck machte er auf mich eigentlich nicht. Meine Aufmerksamkeit wuchs jedoch, als er mir zwischen Vorspeise und Hauptgang ankündigte, er habe ein wunderbares Gastgeschenk für mich, das er mir nach dem Essen übergeben werde. Mein Vater hatte mir während des Fluges bereits die Liste gezeigt, auf der aufgeführt war, welche Gastgeschenke er den Persern mitbrachte und was diese uns schenken würden. Das war alles vorher bekannt. Auf dieser Liste hatte ich neben meinem Namen den Eintrag „Eine türkise Schmuckgarnitur, bestehend aus

Halskette, Ohrringen, Armband und Ringen“ gelesen.

„Kind, ich freue mich ja so für dich, das ist ja wunderbar!“, hatte mein Vater gesagt.

Als der Schah mir während des Abendessens sein Geschenk so feierlich ankündigte, dachte ich: Jetzt bin ich doch mal sehr gespannt, was das ist. Aber zunächst wurden Tischreden gehalten und es gab persischen Kaviar zu essen, der ganz köstlich schmeckte. Vater wirkte auch sehr feierlich, er hatte in der Schah-Gattin Soraya eine wunderschöne Tischdame, mit der er sich gut unterhalten konnte, da sie Deutsch sprach, es lief also alles wunderbar.

„Als der Schah mir während des Abendessens sein Geschenk so feierlich ankündigte, dachte ich: Jetzt bin ich doch mal sehr gespannt, was das ist. Aber zunächst wurden Tischreden gehalten und es gab persischen Kaviar zu essen, der ganz köstlich schmeckte.“

Nach dem Essen wurde zunächst ein großes Feuerwerk veranstaltet. Die Perser sind wahre Künstler darin, vielfältige Impressionen von Tausendundeiner Nacht am Himmel erscheinen zu lassen, mit Vögeln und Hintergrundmusik – es war einfach phantastisch. Schließlich führte der Schah uns in ein Nebengemach. Dort stand ein großer Tisch, auf dem die Geschenke aufgebaut waren, die nun überreicht werden sollten. Vater bekam zwei sehr schöne Teppiche, die sicher sehr kostbar waren (einen davon habe ich später von ihm übernommen und kürzlich meiner Tochter Annette nach Amerika mitgegeben).

Dann sagte der Schah zu mir: „Und jetzt kommt das, was ich Ihnen vorhin schon angekündigt habe, meine Überraschung für Sie“, und ging an den Tisch. Da stand ein schöner, großer Holzkasten, den klappte er auf und was war darin? Ein Miniaturbild meines Vaters, abgemalt von einem Titelfoto der Times, auf dem er aber völlig starr und unnatürlich wirkte. Das Ganze in Einlegearbeit gefertigt, persische Handarbeit, ein Riesenmonstrum, das einfach entsetzlich aussah. Der Schah versuchte mir nun zu erklären, dass es nur noch einen Künstler in Persien gäbe, der sich auf solche Miniaturmalerei verstünde, und dieser Rahmen sei wunderbar gearbeitet und etwas ganz Besonderes. Ich fand es einfach scheußlich. Der Vater stand hinter mir und sagte:

„Ach, du armes Kind, nun kriegste deinen alten Vater." Die Journalisten, die um uns herum standen, hörten das und lachten, ich aber musste so tun, als fände ich dieses Geschenk ganz großartig.

Der damalige Regierungspalast der Kadscharen in Teheran wurde 1925 bis 1979 nur für offizielle Empfänge genutzt.

Vor ein paar Jahren hatten wir einen jungen Iraner bei uns zu Besuch, der von dem Bild begeistert war und bestätigte, dass es etwas sehr Kostbares sei, was heute tatsächlich nicht mehr in dieser Form hergestellt werde. Es ist eben scheußlich kostbar!

Ein sehr netter Hofminister war in dem Palast, in dem wir wohnten, für unser Wohlbefinden zuständig. Er holte uns zu den Empfängen und Veranstaltungen ab, brachte uns auch wieder zurück und achtete darauf, dass das Protokoll richtig funktionierte. Offenbar hatte er mich in sein Herz geschlossen, denn er brachte mir jedes Mal, wenn er kam, etwas mit. Einmal war es eine sehr alte Stele aus Eisen, dazu ein Buch, in dem sie abgebildet und ihre Herkunft erklärt war. Ein anderes Mal war es ein sehr schöner alter Teller, der leider beim Rückflug zerbrach, den wir aber wieder richten ließen.

Auch ein altes Seidentuch als Wandbehang schenkte er mir. Er war wirklich rührend und gab mir schließlich zum Abschied noch zwei große Dosen Kaviar mit.

Von Teheran flogen wir nach Isfahan. Ein aufregendes Erlebnis, denn wir saßen in einem sehr kleinen Flugzeug und gerieten damit in einen heftigen Sandsturm. Als wir in Isfahan landeten, stürmte es immer noch. Auf dem ziemlich rückständig aussehenden Flughafen empfing uns eine Gruppe blinder Kinder mit ihrer deutschen Betreuerin und sang „Am Brunnen vor dem Tore". Mir schossen die Tränen in die Augen, ich fand es unglaublich rührend, dass in diesem fernen, fremden Land ein deutsches Volkslied gesungen wurde, und das auch noch von blinden Kindern.

„Zum Abschluss unseres Besuches wurde mir ein Kamelritt angeboten [...]. Ich wurde eine Runde um die Grünanlagen herumgeführt und die Zuschauer, vor allem die Journalisten, waren hell begeistert, aber mir war so schlecht, dass ich froh war, als alles vorbei war und wir wieder im Flugzeug saßen."

Isfahan selbst war eine beeindruckende Stadt mit ihrer wunderbaren blauen Moschee, die uns schon von Weitem entgegenleuchtete, davor ein schöner großer Platz, auf dem früher Polo gespielt wurde, und der umgeben war von prächtigen alten Palästen mit Mosaiken. Es war einfach großartig. Märchenhaft, exotisch, einfach phantastisch.

Zum Abschluss unseres Besuches wurde mir ein Kamelritt angeboten. Ich hatte zwar an dem Tag wahnsinnige Kopfschmerzen und dachte: Wenn ich jetzt noch auf diesem Kamel herumschaukele, ist alles aus, stieg aber trotzdem auf. Diese Tiere gehen ja mit den Hinterbeinen zuerst hoch, was ein merkwürdiges Gefühl ist, weil man glaubt, im nächsten Moment vornüber zu fliegen. Doch dann gab es einen plötzlichen Ruck, die Vorderbeine kamen hoch und das Kamel stand – und ich saß immer noch oben. Ich wurde eine Runde um die Grünanlagen herumgeführt und die Zuschauer, vor allem die Journalisten, waren hell begeistert, aber mir war so schlecht, dass ich froh war, als alles vorbei war und wir wieder im Flugzeug saßen.

Diese Reise war ein reiner Freundschaftsbesuch gewesen, nichts Politisches. Das waren überhaupt die schönsten Besuche, wenn es keine politischen Auseinandersetzungen gab. Aber das war in den wenigsten Ländern der Fall. Meistens herrschte eine unruhige, betriebsame Atmosphäre, weil Vater ständig mit seinen Reden und Vorlagen beschäftigt war, die jeweils auf die aktuelle Situation umgeschrieben werden mussten.

Die Kuppel der Freitagsmoschee von Isfahan.

Die Blaue Moschee in Istanbul.

Auf der Rückreise machten wir noch einen Stopp in Istanbul. Die Türkei war als militärischer Stützpunkt schon damals für die Amerikaner sehr wichtig. Für mich war es einfach toll, auf diese Weise auch noch Istanbul kennenzulernen. Auch dort gab es Gespräche, feierliche Essen und Besichtigungen.

Zuhause warteten dann mein Mann und meine lieben Kinder auf mich, die von unserer langjährigen, zuverlässigen und sehr netten Kinderschwester Josefine immer hervorragend betreut wurden, wenn ich unterwegs war.

Nun hatte ich ja von dem fürsorglichen persischen Hofminister zwei Dosen Kaviar geschenkt bekommen, und Hermann Josef und ich überlegten, wie wir diesen Genuss am besten zelebrieren konnten, denn der Kaviar musste ja schnell gegessen werden, und allein konnten wir das unmöglich schaffen. Also luden wir zweimal zum Abendessen ein: einmal die Geschwister meines Mannes, und das andere Mal seine Eltern und deren Geschwister. Eine von Hermann Josefs Tanten überaß sich dabei; sie aß den Kaviar regelrecht mit Esslöffeln und fand das einfach herrlich.

Wir sagten immer: „Tante Anna, hör auf, der ist schwer, komm, trink noch etwas dazu, das bekommt dir sonst nicht!"

Ich hatte extra einen dafür geeigneten Schnaps besorgt.

„Nein", sagte sie, „so etwas kriege ich nie wieder, das ist ja köstlich!"

Am nächsten Morgen waren wir in der Kirche und trafen dort einen befreundeten Arzt, der auf uns zukam und fragte: „Was habt ihr denn mit Tante Anna gemacht?"

„Wieso, die war gestern Abend bei uns zum Essen."

„Sie hat mich heute Nacht rufen lassen, sie läge im Sterben. Als ich zu ihr kam, fragte ich: Fräulein Anna, haben Sie irgendetwas Falsches gegessen? Woraufhin sie sagte: Ja, es ist eine Unverschämtheit von der Libet und dem Hermann Josef, einem so viel Kaviar vorzusetzen!"

„Es war wirklich furchtbar. […] Mein Vater fand diese Situation sehr komisch und erzählte beim Essen frank und frei: ‚Libet saß noch in der Badewanne, als ich sie abholen wollte!' "

Wien

Bei einem Staatsbesuch in Österreich ist mir etwas Schreckliches passiert. Es war furchtbar heiß und es gab damals noch keine Klimaanlagen. Wir wohnten im Hotel Sacher in Wien und hatten dort nachmittags eine kleine Siesta vor einem großen Abendessen eingelegt. Man hatte uns zum Kühlen Waschbütten mit großen Eisblöcken ins Zimmer gestellt, weil es so schrecklich stickig und heiß war. Ich war völlig erledigt und dachte, jetzt gehst du erst einmal in die Badewanne. Und schlief darin selig ein. Auf einmal klopfte es, mein Vater kam herein und sagte: „Nanu? Warum bist du nicht fertig?"

Es war wirklich furchtbar. Ich stürzte aus der Badewanne heraus und in mein Kleid hinein, musste mir jedoch auch noch die Haare frisieren, denn es gab keinen Friseur für mich. Irgendwie habe ich es dann gerade noch rechtzeitig zum Gala-Diner geschafft. Mein Vater fand diese Situation sehr komisch und erzählte beim Essen frank und frei:

„Libet saß noch in der Badewanne, als ich sie abholen wollte!"

Wien war sehr höfisch und sehr elegant, ganz so, wie man sich die frühere KuK-Monarchie von Österreich-Ungarn vorstellt. Unser Besuch war nicht politischer Natur, und so besuchten wir unbeschwert Bälle und Empfänge und amüsierten uns hinterher zusammen mit Eckhart von Brentano über skurrile Persönlichkeiten und die etwas steife Wiener Gesellschaft.

Charles de Gaulle

„Ich hatte General de Gaulle als Tischherrn und war furchtbar aufgeregt, weil mein Französisch nicht gut war."

1962 war der französische Staatspräsident Charles de Gaulle in Bonn und wollte Vater in Rhöndorf besuchen. Ich war dafür verantwortlich, dass dort alles perfekt vorbereitet war. Also fuhr ich mit meinem kleinen DAF, einem niederländischen Kleinwagen, schon sehr zeitig am Morgen los. Ich hatte verabredet, um elf Uhr dort zu sein, um ein Uhr sollte das Essen stattfinden. Doch dann geriet ich in Köln in einen Stau wegen eines Fußballspiels, das dort mittags stattfinden sollte. Es war furchtbar, ich kam nicht vorwärts und nicht zurück und hatte auch keine Möglichkeit, irgendeine Nachricht von mir zu geben. Schließlich kam ich völlig abgehetzt in Rhöndorf an, wo aber zum Glück schon alles perfekt vorbereitet war und ich nichts mehr zu ändern brauchte.

„Als das Essen vorbei war, stand er auf, verabschiedete sich von mir und sagte in exzellentem Deutsch: ‚Auf Wiedersehen, gnädige Frau, es war eine ausgezeichnete Unterhaltung mit Ihnen!' Das fand ich die Höhe! Da quälte er mich die ganze Zeit während des Essens, Französisch zu sprechen, und konnte in Wirklichkeit auch Deutsch!"

Am 9. November 1964 waren wir im Elysée-Palast in Paris zu einem Déjeuner anläßlich der Aufnahme meines Vaters in die Académie Francaise eingeladen. Ich hatte General de Gaulle als Tischherrn und war furchtbar aufgeregt, weil mein Französisch nicht gut war. De Gaulle stellte sich aber ganz intensiv auf mich ein, fragte mich nach der Schulsituation in Deutschland und wollte alles Mögliche über Kindergärten und die sozialen Verhältnisse wissen. Ich bekam überhaupt nicht mehr mit, was wir aßen, weil ich mich so wahnsinnig konzentrieren musste. Als das Essen vorbei war, stand er auf, verabschiedete sich von mir und sagte in exzellentem Deutsch: „Auf Wiedersehen, gnädige Frau, es war eine ausgezeichnete Unterhaltung mit Ihnen!" Das fand ich die Höhe! Da quälte er mich die ganze Zeit während des Essens, Französisch zu sprechen, und konnte in Wirklichkeit auch Deutsch!

Mit de Gaulle verstand sich Vater nicht von Anfang an gut. Ich erinnere mich, dass ich in Paris einmal nach einer Konferenz im Hotel auf ihn wartete, und er kam und kam nicht wieder. Als ich anrief, hieß es, die Konferenz sei längst zu Ende.

„Warum ist er denn nicht da, wer weiß denn Bescheid,

wo er ist, sind die Sicherheitsbeamten bei ihm?", fragte ich.

„Nein", hieß es, „er hat nur seinen Fahrer mitgenommen." Wir machten uns natürlich die größten Sorgen.

Schließlich kam Vater zurück und fragte: „Was ist denn hier los, warum regt ihr euch denn so auf? Kann ich denn nicht mal eine kleine Spazierfahrt machen? Ja, natürlich alleine, wenn man über etwas nachdenken will, muss man auch mal alleine sein."

Vater trifft de Gaulle (v.l.n.r.) in Paris am 9. November 1964.

Er erzählte, dass er sich von seinem Fahrer in den Bois de Boulogne hatte fahren lassen, wo er spazieren gegangen war. Später stellte sich heraus, dass er sich fürchterlich über de Gaulle geärgert hatte und einfach mal Luft schnappen musste, um sich darüber klar zu werden: Was will ich, warum will ich es und wie könnte ein Kompromiss aussehen. Und am nächsten Tag konnte dann tatsächlich der Kompromiss herbeigeführt werden.

Cadenabbia

Die ersten gemeinsamen Ferien in der Nachkriegszeit verbrachte ich mit meinem Vater auf der Bühlerhöhe.

Ich erinnere mich an wunderschöne gemeinsame Waldspaziergänge, aber auch an die sehr ernste Situation im Zusammenhang mit der Nachricht, dass die Europäische Verteidigungsgemeinschaft (EVG) an Frankreich gescheitert sei. Es war eine große Enttäuschung für ihn, und er war darüber sehr deprimiert.

Um so erfreulicher und entspannender waren dann die gemeinsamen Ferien in Cadenabbia, wo ich nach 1958 viele Male mit meinem Vater war. Er liebte vor allem den weiten Blick über den Comer See und die Bergrücken, die alles umrahmten, aber auch die schönen Pflanzen und Bäume. Wenn wir auf den Berghängen umherwanderten, sahen wir ab und zu ein vereinzeltes Schaf, ansonsten war es herrlich ruhig. Wir machten gern unter Olivenbäumen Rast, setzten uns auf eine Wiese und guckten auf den See. Unsere Gespräche unter diesen Olivenbäumen waren immer besonders innig und besinnlich.

„Aber es gab auch lustige Szenen. Einmal hatte ich Handschuhe dabei, weil es noch kühl war, und als ich sie nach unserer Rast wieder anziehen wollte, hatte er Schafsmist hineingetan! Wieder einer seiner Späße, die er so liebte.“

Aber es gab auch lustige Szenen. Einmal hatte ich Handschuhe dabei, weil es noch

Cadenabbia. Ein Erholungsort, zu dem Libet Werhahn mit ihrem Vater mehrmals zurückkehrte.

kühl war, und als ich sie nach unserer Rast wieder anziehen wollte, hatte er Schafsmist hineingetan! Wieder einer seiner Späße, die er so liebte. Auch mit seinen Mitarbeiterinnen herrschte ein netter und lockerer Umgangston. Meistens war unser Tagesablauf wie folgt: Wir frühstückten morgens zusammen, meistens draußen, danach diktierte Vater oder bearbeitete die Telegramme, die er bekommen hatte. Der Fernschreiber lief unentwegt. Danach telefonierte er und studierte Zeitungen. Gegen elf wurde meistens ein Spaziergang gemacht. Überhaupt waren wir viel draußen an der frischen Luft und aßen auch oft auf der Terrasse. Nach dem Mittagessen hielt Vater seinen Mittagsschlaf, danach tranken wir Tee und machten noch einmal einen Spaziergang. Nachmittags führte er auch noch das eine oder andere Telefonat.

„Außen am Haus entlang verliefen elektrische Leitungen, die nicht unter Putz verlegt waren. An einer dieser Leitungen hatte eine Sekretärin eines Tages einen toten Siebenschläfer entdeckt, der dort hängen geblieben und schon ganz starr war. Sie nahm ihn ab und legte ihn stillschweigend in das Schlafzimmer meines Vaters auf eine Ablage.“

Abends saßen wir oft zusammen und lasen uns gegenseitig etwas vor. Vater wollte beispielsweise vor seinem Besuch in Spanien etwas über Karl V. hören, ich wiederum wollte ihn mit moderner Literatur vertraut machen und las ihm Luise Rinser vor, allerdings sagte er nach kurzer Zeit:

„Also, komm hör auf, das ist ja nicht zum Aushalten!“

Wir verbrachten vergnügte Abende in der Villa Arminia, die ziemlich altmodisch war, und später in der Villa Collina.

Außen am Haus entlang verliefen elektrische Leitungen, die nicht unter Putz verlegt waren. An einer dieser Leitungen hatte eine Sekretärin eines Tages einen toten Siebenschläfer entdeckt, der dort hängen geblieben und schon ganz starr war. Sie nahm ihn ab und legte ihn stillschweigend in das Schlafzimmer meines Vaters auf eine Ablage, wo er seine Bürsten und Kämme aufbewahrte. Vater verlor darüber kein Wort, aber am nächsten Tag hatte ich dieses Vieh bei meinen Sachen. Ich sagte auch nichts, nahm das arme Tier und setzte es einem der Mitarbeiter ins Zimmer. Wir haben uns hinterher alle köstlich amüsiert über diese Wandertrophäe. Jeder dachte, jetzt kommt ein Schrei: „Um Gottes Willen, hier sitzt ein Tier in meinem Zimmer!" – aber nichts, jeder blieb absolut cool.

***

Ich erinnere mich noch genau an den Sonntag nach Ostern 1959, als Vater uns erklärte, er wolle Bundespräsident werden. Unsere Tochter Monika hatte Erstkommunion, und er kam an dem Abend zu spät zum feierlichen Essen, weil die Sitzung, in der er seine Absicht kundgetan hatte, länger gedauert hatte. Er nannte uns seine Gründe für die Kandidatur, aber wir sagten spontan alle: „Vater, das ist nichts für dich, da darfst du doch den Mund nicht auftun!" Als Bundespräsident musste er sich mit politischen Statements ja sehr zurückhalten. „Doch", meinte er, „das ist wunderbar, dann habe ich nämlich noch Einfluss auf das, was der Erhard als Kanzler macht."

„Ich erinnere mich noch genau an den Sonntag nach Ostern 1959, als Vater uns erklärte, er wolle Bundespräsident werden. […] Er nannte uns seine Gründe für die Kandidatur, aber wir sagten spontan alle: ‚Vater, das ist nichts für dich, da darfst du doch den Mund nicht auftun!' "

Am nächsten Morgen fuhren wir nach Cadenabbia, wohin nun die unterschiedlichsten Politiker anreisten, um ihn zu bearbeiten, dieses Amt nicht anzustreben. Es war schrecklich, weil er so unter Druck gesetzt wurde. Er war in einer schlimmen Situation und stand mit dem Rücken gegen die Wand. Man erklärte ihm, die Fraktion sei mit diesem Entschluss nicht einverstanden, ebenso wenig seine Ministerkollegen.

„Es war schrecklich, weil er so unter Druck gesetzt wurde. Er war in einer schlimmen Situation und stand mit dem Rücken gegen die Wand. Man erklärte ihm, die Fraktion sei mit diesem Entschluss nicht einverstanden, ebenso wenig seine Ministerkollegen.“

In Cadenabbia habe ich es auch gelegentlich erlebt, dass er, wenn er sich über einen politischen Sachverhalt schrecklich geärgert hatte, plötzlich mit dem Fahrer wegfuhr. Wir wussten dann alle nicht, wo er war, was er tat und wann er zurückkehrte, nichts. Irgendwann kam er dann ganz entspannt zurück und sagte: „Ich musste einfach einmal in die Berge.“

***

Eine seiner Lieblingsentspannungsübungen bestand im Bocciaspielen, weil das, wie er fand, die Gedanken sehr stark bündelt. Man ist mit den Gedanken wirklich bei sich und gleichzeitig konzentriert bei dem, was man gerade tut. Man spielt zwar, hat dabei aber ein Ziel, das man erreichen will. Man kann Boccia natürlich auch gedankenlos spielen, aber dann wirft man die Kugeln eben auch unbedacht. Außerdem fand Vater es immer schön, etwas in der Gemeinschaft mit anderen zu tun. Das Spiel war einfach perfekt für ihn und entspannte ihn kolossal. Später ließ er sich auch in Rhöndorf einen Bocciaplatz einrichten und spielte dort, wenn wir ihn besuchten, mit uns Boccia. Vater liebte dieses

Spiel, und auch wenn er sonntags total erschöpft war, wollte er nach dem Tee unbedingt Boccia spielen. Wenn wir jedoch merkten, dass er mittags schlecht geschlafen hatte und angespannt war, mussten wir dafür sorgen, dass er gewann. Dann schlug seine Laune erfahrungsgemäß schnell um und er war wieder obenauf. Er war kein guter Verlierer, vor allem dann nicht, wenn er erschöpft war und innerlich noch zu viel abzuarbeiten hatte.

Auch mit seinen ausländischen Gästen, wie beispielsweise dem japanischen Ministerpräsidenten Joshida, der 1960 in Cadenabbia war, sowie mit Jean Monnet, dem Begründer der Montan-Union, und Botschafter Herbert Blankenhorn spielte Vater gern Boccia.

Das Bocciaspiel war auch für seine Besucher immer eine willkommene Ablenkung, es lockerte die Atmosphäre und sorgte für ein ungezwungeneres Beisammensein. Sobald das Spiel begann, waren sie auf einmal aufgeschlossen und zugänglich, alle Steifheit löste sich. Nach diesen Lockerungsübungen waren sie hinterher viel gesprächsbereiter.

Vater beim Bocciaspiel in Cadenabbia im August 1958.

Der Hut-Tausch.

***

Wenn Vater und ich oben auf dem Berg unter den Olivenbäumen saßen, philosophierten wir über Gott und die Welt. Ein häufiges Gesprächsthema war dabei die Mutter und wir sprachen oft darüber, was sie für ihn und für uns Kinder bedeutet hatte und wie schwer es für ihn war, auch seine zweite Frau so früh zu verlieren.

Die letzten Male in Cadenabbia fragte er oft, was eigentlich aus dem Haus in Rhöndorf werden solle, wenn er nicht mehr lebe. Aber wehe, man ging ernsthaft darauf ein – das konnte er überhaupt nicht vertragen. Dann wurde er sehr ärgerlich. Nein, man musste darauf antworten: „Aber Vater, du lebst doch noch lange, wieso denkst du über so etwas nach?“ Es war gut, ihn mit etwas anderem abzulenken.

Vater beim CDU Parteitag 1965.

17

Die letzten Jahre

Nachdem Vater sich darüber informiert hatte, dass die Rechte und Möglichkeiten eines Bundespräsidenten doch nicht so weit gesteckt waren, wie er dachte, zog er seine Entscheidung zurück, was aber politisch nicht sonderlich populär war. Danach begannen die Intrigen gegen ihn: Menschen, von denen er es nie gedacht hätte, stellten hinter seinem Rücken Überlegungen über seinen Rücktritt an.

Vater wollte partout nicht, dass Ludwig Erhard sein Nachfolger wurde. Erhard war jedoch eine regelrechte Wahllokomotive, und die CDU befürchtete, sie würde ohne ihn als Kanzlerkandidat nicht die Mehrheit erringen. Vater dagegen war alt und sollte nach Meinung seiner politischen Mitstreiter jetzt endlich zurücktreten.
Tragisch war, dass er diese Rücktrittsforderungen sehr persönlich nahm. Er war darüber traurig und auch verbittert. Ich habe es nie ganz verstanden, warum er nicht einsah, dass die Zeit seiner politischen Aktivität zu Ende war, obwohl ich verschiedentlich mit ihm darüber gesprochen hatte.
Allerdings musste ich da sehr behutsam sein, es musste der richtige Moment sein, und ich musste mich sehr auf ihn einlassen und einstellen, damit er sich überhaupt dazu äußerte. Es war eine traurige Zeit, bis er sich wieder einer neuen Herausforderung stellte: Er begann seine Memoiren zu schreiben. Er hatte noch ein Büro im Bonner Bundeshaus und, was viel wichtiger war, seine Sekretärin, Anneliese Poppinga, eine sehr tüchtige, intelligente und ihm ergebene Frau, die hervorragend mit ihm zusammenarbeitete. Sie bereitete immer alle Unterlagen genau für ihn vor und sagte dann: „Herr Bundeskanzler, Sie müssen jetzt weitermachen." Oft hatte er überhaupt keine Lust dazu, sich mit politischen Details aus der Vergangenheit zu beschäftigen, doch Anneliese Poppinga schaffte es immer, ihn dazu zu motivieren.

In diesem Pavillon in Rhöndorf arbeitete Vater an seinen Erinnerungen.

Sie absolvierte auf Anregung meines Vaters nach dessen Tod noch ein volles Geschichtsstudium, das sie mit der Promotion abschloss, denn sie hatte keine akademische Ausbildung, und es war immer ihr großer Wunsch gewesen, Geschichte zu studieren.

Die Arbeit an seinen Memoiren half Vater sehr, sich wieder aus dem Tief herauszuarbeiten, das mit dem Ende seiner politischen Arbeit verbunden war. Um etwas abseits vom Haus ungestört von Haustür- und Telefonklingeln arbeiten zu können, ließ er sich im Garten in Rhöndorf einen Pavillon bauen, den mein Schwager Heribert Multhaupt, Lottes Mann, entworfen hatte: ein heller Raum mit großen Fenstern, in dem er sich aber dennoch geborgen fühlte und von dem aus er einen schönen Blick in seine geliebte Natur hatte. Hier, inmitten all seiner Unterlagen, arbeitete er viele Stunden täglich an seinen Lebenserinnerungen.

***

Im Februar 1967 flog ich mit meinem Vater auf Einladung der spanischen Regierung noch einmal nach Spanien, denn in Madrid stand der Atomwaffensperrvertrag zur Diskussion, den die unterzeichnenden Länder ratifizieren mussten. Aus diesem Anlass hatte man ihn gebeten, im Ateneo, dem politischen Vortragszentrum Madrids, über seine Vision von Europa zu reden. Vater beobachtete seit geraumer Zeit mit Sorge die Intensivierung der Kontakte zwischen Moskau und Washington; er befürchtete, dass Europa seine Eigenständigkeit zwi-

„Vater beobachtete seit geraumer Zeit mit Sorge die Intensivierung der Kontakte zwischen Moskau und Washington; er befürchtete, dass Europa seine Eigenständigkeit zwischen den beiden Supermächten USA und Sowjetunion verlieren und politisch wie wirt-schaftlich bedeutungslos werden würde.“

schen den beiden Supermächten USA und Sowjetunion verlieren und politisch wie wirtschaftlich bedeutungslos werden würde. Vor 1.500 Menschen, darunter dem spanischen Kronprinzen Juan Carlos und Prinzessin Sophie, hielt Vater eine eindrucksvolle Rede mit dem Titel: „Europa und die Entwicklung der Welt“, die mich sehr beeindruckte und die ich nie vergessen werde. Er sprach von der Gefahr des Machtverlustes für Europa, der seiner Meinung nach schon sehr weit fortgeschritten war, und appellierte an die europäischen Länder, ihre politische Einigung voranzutreiben:

Die Supermächte können über den Widerspruch eines einzelnen europäischen Landes hinweggehen. Die Stimme eines geeinten Europas muss von ihnen auch im eigenen Interesse beachtet werden… Wenn nicht alle mittun, dann sollten die handeln, die dazu bereit sind… Ob nun eine Föderation oder Konföderation entsteht oder welche Rechtsform es immer sein mag: Handeln, Anfangen ist die Hauptsache!… Die Gefährlichkeit der Lage, die außerordentliche Schnelligkeit der Entwicklung zwingen Europa zu schnellem, entschlossenen Handeln, zwingen es zur schnellen politischen Einigung, um seine besonderen Interessen zu wahren und damit seine Existenz als Faktor des Weltgeschehens zu erhalten…Die Europäer stehen in Gefahr, unter Kontrolle der Russen hinsichtlich der Herstellung atomarer Kraft für friedliche Zwecke zu kommen… Darum muss alles getan werden, so schnell wie möglich ein europäisches Statut, eine europäische politische Union zu schaffen, an deren Stimme auch die Superstaaten und das Weltgewissen nicht achtlos vorübergehen können.

Die Leidenschaftlichkeit seiner Rede übertrug sich auf seine spanischen Zuhörer ebenso wie auf mich und entfachte in mir eine Europa-Begeisterung, die mich motivierte, später selbst europapolitisch aktiv zu werden und als Kreisvorsitzende der Europaunion den ersten Europawahlkampf zu führen.

Die spanische Prinzessin, die gut deutsch sprach, war reizend zu Vater und schenkte ihm zum Abschied noch einen Füllfederhalter, der ihrer Mutter, Königin Friederike von Griechenland, gehört hatte. Auf dieser Reise, das war mein Eindruck, lebte Vater richtig wieder auf.

Am nächsten Tag besichtigten wir den Escorial, die oberhalb von Madrid gelegene Klosteranlage der spanischen Könige. Vater ließ sich alles genau zeigen, besonders interessierte ihn die berühmte Bibliothek Philipps II., wo uns auch Originalschriften der Heiligen Theresa von Avila gezeigt wurden. Ich musste an meine Mutter denken, die immer eine besondere Beziehung zu den Heiligen gehabt hatte. Vater ließ es sich auch nicht nehmen, die vielen Treppenstufen zur Gruft unterhalb der Basilika hinabzusteigen, in der sich die Sarkophage der spanischen Könige befinden. Das Besuchsprogramm hatte dies eigentlich nicht vorgesehen, weil man ihn mit seinen 91 Jahren nicht mit der düsteren Atmosphäre einer Gruft belasten wollte.

„Vater ließ es sich auch nicht nehmen, die vielen Treppenstufen zur Gruft unterhalb der Basilika hinabzusteigen, in der sich die Sarkophage der spanischen Könige befinden.“

Aufgrund der schlechten Wetterverhältnisse – es fiel dichter Schnee – hatten unsere Gastgeber eine anschließend geplante Fahrt zum Tal der Gefallenen abgesagt, aber Vater setzte durch, dass wir dennoch fuhren. Vor der Basilica de la Cruz, einer von Franco errichteten Gedenkstätte für die Gefallenen des spanischen Bürgerkrieges, fand eine Gedenkfeier statt, an der Vater trotz des Schneetreibens ohne Hut teilnahm. Seine innere Haltung ließ dies nicht zu, denn bei einer Ehrung für Tote trägt man keine Kopfbedeckung. Da er recht anfällig geworden war, erkältete er sich jedoch prompt.

Dennoch besuchten wir zum Abschluss unserer fünf Tage in Spanien auch noch Toledo, das Vater unbedingt sehen wollte. Am nächsten Tag ging das Programm wie geplant weiter: Wir flogen nach Paris, wo gerade die Tut-Ench-Amun-Ausstellung lief, die wir uns noch am selben Abend im Anschluss an ein Abendessen in der deutschen Botschaft ansahen. Frau Poppinga, die uns begleitete, erzählte uns, nach altägyptischem Glauben dürfe man auf keinen Fall seine Hand auf die des „Schreibers", einer hockenden Steinfigur mit ausgestreckter Innenhand, legen. Wer dies tue, müsse bald sterben. Vater hatte nichts Eiligeres zu tun, als genau das, wovor er gerade gewarnt worden war. Mit den Worten: „Sehen Sie hier, Frau Poppinga, nun wollen wir mal abwarten, wie das mit mir wird!", legte er seine Hand auf die des Schreibers. Ich erschrak, weil ich das als eine Herausforderung empfand.

***

Im April 1967 erkrankte Vater wieder an einer Lungenentzündung, wie es schon in den Jahren zuvor im Frühjahr und im Herbst häufiger der Fall gewesen war. Es wurde von Seiten der Ärztin zwar immer von einer Bronchialkrankheit gesprochen, aber wir merkten doch bei unseren Besuchen und nach Gesprächen mit seiner Hausärztin Dr. Bebber, die zu jeder Tages- und Nachtzeit kam, dass er dieses Mal schwerer erkrankt war.

Während der Osterferien waren wir mit unseren Kindern beim Skilaufen auf der Seiser Alm, als uns plötzlich die Nachricht erreichte, dass Vaters Zustand sehr ernst geworden sei. Wir reisten umgehend ab. In Neuss angekommen, fuhren mein Mann und ich sofort nach Rhöndorf. Vater ging es sehr schlecht und er verließ sein Schlafzimmer nicht mehr. Vor seiner Schlafzimmertür, die in den Garten führte, blühten schon die ersten Krokusse und er blickte sehnsüchtig hinaus und sagte: „Wie schön, dass das Frühjahr kommt, dann geht es ja wieder bergauf."

Als ich mich neben ihn setzte, bat er mich sehr eindringlich: „Du musst mir sagen, wenn ich geistig verwirrt bin. Ich glaube, es geht mit mir zu Ende, und ich möchte kein dummes Zeug reden.“ Er war jedoch geistig völlig klar und sah seinem Ende mit großer Aufmerksamkeit und ohne Furcht entgegen. Ich versicherte ihm, dass er keineswegs verwirrt sei. An diesem Nachmittag nahmen wir voneinander eigentlich schon Abschied.

In meiner letzten Erinnerung an meinen Vater sehe ich ihn in den ersten Frühlingssonnenstrahlen auf einem Sessel an der Terrassentür zum Garten mit Blick auf die Krokusse sitzen.

Meine Geschwister, mein Mann und ich hielten mehrere Tage hindurch abwechselnd Nachtwache bei ihm. Sein Zustand war stabil, aber die Ärztin machte uns keine großen Hoffnungen mehr. Als fast die gesamte Familie in Rhöndorf eingetroffen war, versammelte er uns alle noch einmal an seinem Bett. Dann sagte er sehr eindringlich:

„Haltet zusammen.“ Wir sollten uns auch weiterhin wie gewohnt an jedem zweiten Weihnachtstag in Rhöndorf treffen. Das war sein Vermächtnis an uns.

Dann verschlechterte sich sein Zustand. Mein Mann und ich fuhren noch einmal kurz nach Hause, aber als wir gerade dort angekommen waren, erhielten wir einen Anruf, dass es nun dem Ende zuginge.

Mein Vater ist dann sehr friedlich am 19. April 1967 eingeschlafen. Aber sein Hinübergleiten in die ewige Ruhe, die er hoffentlich finden konnte, war ein sehr großer Verlust für uns alle.

Sein Schlafzimmer strahlte für mich eine ganz besondere Atmosphäre aus. Über dem Bett hingen Familienbilder, unter anderem von seinen Eltern, sowie ein schönes Kruzifix. In den Regalen standen viele Bücher und Schallplatten, die er während seiner Krankheit noch gehört hatte, vor allem Schubert-Lieder. Auch die Erinnerung an meine Mutter, die ja auch in diesem Zimmer gelebt und geschlafen hatte, war für mich noch sehr präsent.

Brigadegenerale des Bundesgrenzschutzes als Ehrenwache an Vaters Sarg.

Nach seinem Tod setzten all die Dinge ein, die zu regeln waren, uns jedoch weitestgehend abgenommen wurden. Wir bekamen viele Kondolenzbesuche, unter anderem von Dean Rusk, dem amerikanischen Außenminister, und vom äthiopischen Kaiser Haile Selassie, so dass wir sehr abgelenkt waren.

Ich erinnere mich noch genau an die große Trauerfeier im Kölner Dom, zu der viele weitere ausländische Staatschefs angereist waren, unter anderen der französische Staatspräsident Charles de Gaulle, US-Präsident Lyndon B. Johnson und der israelische Ministerpräsident David Ben Gurion. Auf der einen Seite des Doms saß die Familie, auf der anderen Seite saßen all die Politiker, mit denen Vater zusammengearbeitet hatte. Auch seine politischen Gegner, wenn ich es so ausdrücken darf, waren alle gekommen, um sich von ihm zu verabschieden. Es wurde ein sehr feierliches Hochamt gehalten, dann wurde der Sarg, der zuvor zwei Tage und zwei Nächte im Kölner Dom gestanden hatte, unter Begleitung von Tausenden von Besuchern, die ihm die letzte Ehre erweisen wollten, aus dem Dom heraus und zum Rhein getragen. Dort wurde er, mit der deutschen Flagge bedeckt, an Deck eines Marineschiffs gebracht. Die offiziellen Trauergäste fuhren auf einem Begleitschiff. Es war unglaublich eindrucksvoll, wie voll von Menschen die Uferstraßen und die Brücken waren, unter denen die Schiffe hindurchfuhren. An allen Orten entlang des Rheins begleiteten die Menschen den toten Konrad Adenauer auf dieser letzten Schiffsfahrt und nahmen Abschied von ihm.

Pontifikalrequiem im Kölner Dom – 25. April 1967.

Als wir mit den Schiffen in Bad Honnef ankamen, dämmerte es schon. Nach Verabschiedung der offiziellen Gäste wurde der Sarg im Kreise der Familie und der engsten Freunde zum wunderschönen, stillen Waldfriedhof in Rhöndorf überführt. Unser Trauerzug stieg den Berg hinauf zu der Grabstätte, in der schon unsere Mutter und die Mutter meiner älteren Geschwister beerdigt worden waren, ebenso wie die

Eltern und der Patenonkel meines Vaters. Dort steht der Grabstein, den er selbst nach dem Tod seiner ersten Frau ausgesucht hatte. Es ist ein sehr eindrucksvoller Grabstein, der als Relief angedeutet einen Engel zeigt, der sich vor dem auferstandenen Christus verbeugt.

Unser Trauerzug stieg den Berg hinauf zu der Grabstätte, in der schon unsere Mutter und die Mutter meiner älteren Geschwister beerdigt worden waren, ebenso wie die Eltern und der Patenonkel meines Vaters.“

Im Wald oberhalb des Grabes stand der Knabenchor aus Maria Laach und sang wunderbar. Am Grabe wurden, so weit ich mich erinnere, keine Reden mehr gehalten. Es war nur eine stille, innige Verabschiedung vom Vater, an der auch meine Kinder alle teilnahmen. Die Jüngsten waren noch klein, aber sie waren alle sehr beeindruckt. Dann wurde es langsam dunkel, der Tag ging zu Ende und ein Leben war zu Ende gegangen.

■

Das Rhöndorfer Haus heute.

18

Rhöndorf heute

Nach dem Tode meines Vaters mussten wir Geschwister überlegen, was aus dem Haus in Rhöndorf mit all seinen Bildern und Kunstschätzen werden sollte. Wir waren uns schnell im Klaren, dass keiner von uns in dem Haus leben wollte, weil wir inzwischen alle unsere eigenen Lebensbereiche hatten.

Wir ließen uns darüber beraten, wie wir das ganze Anwesen am besten erhalten konnten, um es auch der Öffentlichkeit zugänglich zu machen. Nach einer längeren Entwicklungsphase wurde die Idee einer Stiftung an uns herangetragen. Es gab viele nachdenkliche Gespräche, die sich mir sehr eingeprägt haben, weil sie unter uns sieben Geschwistern sehr einig geführt wurden. Schließlich beschlossen wir, diesem Vorschlag nachzukommen.

Jeder von uns suchte sich dann nach Abstimmung mit den anderen Geschwistern zwei, drei Erinnerungsstücke aus dem Haus aus, die ihm besonders am Herzen lagen. Ich wählte einen kleinen mittelalterlichen Goldgrundaltar, der jetzt in unserem Wohnzimmer steht, und an dem ich sehr hänge. Es ist ein kleiner Klappaltar, der nicht besonders groß und auffällig ist, für mich aber einen ganz besonderen Erinnerungswert hat. Als Zweites suchte ich mir einen Biedermeier-Sessel aus, der meiner Mutter gehörte und in unserem Wohnzimmer in Rhöndorf neben dem Nähtischchen stand. Dieser Biedermeier-Sessel ist auch jetzt noch ein wichtiger Bestandteil unseres Wohnzimmers.

Vaters Sterbezimmer.

Mein Vater hatte mir bereits zu meiner Verlobung eine Biedermeier-Uhr geschenkt und ich fühle, wie dieses Biedermeier, das auch in Rhöndorf unsere Einrichtung bestimmt hatte, meinem Naturell entspricht. Wir haben unsere Räume in unserem Neusser Haus mit einigen ausgewählten Biedermeier-Stücken möbliert, die mein Mann von seinen Großeltern geerbt hatte, so dass sich das mit meinen geerbten Möbelstücken wunderbar ergänzte.

Als drittes Erinnerungsstück besitze ich einen alten hölzernen Kronleuchter, der in unserem Esszimmer hängt. Als die Amerikaner bei Kriegsende näher rückten und ich den Beschuss unseres Hauses befürchtete, hatte ich aus einem Instinkt heraus diesen Kronleuchter, auf einem Tisch stehend, von der Decke abgeschnitten und im Keller versteckt, wo er mir sicherer untergebracht schien. An diesen drei Stücken hänge ich sehr, sie verbinden mich immer wieder mit meinen Eltern. Ansonsten blieb das Haus in Rhöndorf original möbliert, wie wir es kannten, und mit all den Kunstwerken, die Vater gesammelt hatte, ausgestattet.

Das Wohnzimmer.

Jedes Mal, wenn ich nach Rhöndorf komme, berührt mich die Atmosphäre des Hauses ganz stark, sie fängt mich ein und ruft die Erinnerung an früher wieder wach. Inzwischen wurde zwar der eine oder andere Sessel neu bezogen und auch die Vorhänge sind erneuert worden, aber alles geschieht so, dass es möglichst genau so aussieht wie zuvor. Diese Kontinuität in der Einrichtung war lange Jahre für mich ein Trost, aber inzwischen ist mir alles etwas fremder geworden, weil die Zeit ja fortschreitet, und ich mein eigenes Leben lebe und meine eigene Umgebung gestaltet habe. Heute kommt mir Rhöndorf eher vor wie ein Bild aus meiner Jugend.

Im Laufe der vergangenen Jahrzehnte ist das Rhöndorfer Haus von mehr als zwei Millionen Menschen aus der ganzen Welt besucht worden. Viele Mauern sowie deren Stützen wurden inzwischen neu befestigt, da es aufgrund der hohen Besucherzahlen strenge Sicherheitsauflagen gibt, die von der öffentlich-rechtlichen „Stiftung Bun-deskanzler-Adenauer-Haus“, die das Haus übernommen hat, erfüllt werden müssen. Zunächst dem Bundesministerium des Inneren unterstellt, ist sie seit 1998 Teil des Geschäftsbereichs der Bundesbeauftragten für Kultur und Medien.

„Als wir Haus und Grundstück übergaben, war es unser Wunsch, dass Rhöndorf nicht nur ein Heimat-Museum sein soll, sondern dass dort auch wissenschaftlich gearbeitet wird und Tagungen stattfinden.“

Dem Stiftungs-Kuratorium gehören immer zwei Familienmitglieder an, lange Jahre haben mein Bruder Paul und ich dort gesessen, dieses Amt jedoch vor einigen Jahren an meinen Neffen Jan Reiners und meine Nichte Bettina Adenauer weitergegeben. Wir fungieren jetzt nur noch als Stellvertreter.

Weitere Neffen und Nichten sowie unsere Tochter Charlotte sind in verschiedenen Gremien der Stiftung tätig, die inzwischen 20 Personen beschäftigt. Es wurden verschiedene Ressorts wie Archiv und Forschung, Tagungen und Führungen, Personal und Haushalt eingerichtet.

Unsere Geschäftsführerin Dr. Corinna Franz ist Historikerin; von ihr gehen viele neue Impulse aus, so dass die Stiftung wirklich lebt.

Als wir Haus und Grundstück übergaben, war es unser Wunsch, dass Rhöndorf nicht nur ein Heimat-Museum sein soll, sondern dass dort auch wissenschaftlich gearbeitet wird und Tagungen stattfinden – über Themen wie das deutsch-amerikanische oder das deutsch-israelische Verhältnis. An diesen Tagungen, die immer sehr lebendig sind und die ich selbst auch gern besuche, kommen junge Wissenschaftler und Zeitzeugen ins Gespräch und können sich so gegenseitig befruchten.

Darüber hinaus gibt es auch noch andere Veranstaltungen. Nach längerer Pause haben wir unser familiäres Kirschenessen im Frühsommer wieder eingerichtet. Als unser Vater noch lebte, lud er im Juni immer alle Kinder und Enkelkinder zum Kirschenessen ein, weil es im Garten einige Bäume mit köstlichen Kirschen gibt. Am Sonntag saßen wir dann auf der Wiese unter einem Kirschbaum mit Körben voll Kirschen vor uns, während Vater einen Mordsspaß daran hatte, mit seinen Enkeln um die Wette Kirschkerne zu spucken. Aus den Kernen sind aber leider nie Kirschbäume geworden.

„Als unser Vater noch lebte, lud er im Juni immer alle Kinder und Enkelkinder zum Kirschenessen ein, weil es im Garten einige Bäume mit köstlichen Kirschen gibt.“

Diese sehr vergnügten Treffen waren nach Vaters Tod langsam eingeschlafen, aber vor einigen Jahren haben wir sie wiederbelebt. Wir vereinbaren einen Termin im Sommer, bei dem jeder etwas zu essen und zu trinken mitbringt. Mit unseren Körben und Kuchenblechen stapfen wir dann alle die 56 Treppenstufen zum Haus hoch.

Wenn das Wetter gut ist, lagern wir mit Decken und Stühlen auf der Wiese vor dem Esszimmer. Da die Familie ständig wächst, muss immer ein wenig improvisiert werden, was aber gerade das Schöne daran ist und unser Zusammensein lebendig und locker macht.

Ich empfinde diese Gemeinschaft in unserer Familie als sehr stärkend und bin nur traurig, dass unsere Tochter Annette, die in Amerika lebt, fast nie dabei sein kann.

■

Vater inmitten seiner Enkel: vorne Bettina, (Max' Tochter), Konrad und Georg (Konrads Söhne), dahinter Bärbel Reiners (Rias Tochter), Irene (Konrads Tochter), Ursula und Sibylle (Max' Töchter), Stephan, Großvater, Monika, Paul und Karl (Konrads Söhne) und Jan Reiners (Rias Sohn) (v.l.n.r.) – 5.1.1956.

19

Weihnachten

Jedes Jahr am zweiten Weihnachtstag, wenn sich, wie es der Wunsch meines Vaters auf dem Sterbebett war, unsere ganze Familie in Rhöndorf versammelt, entsteht die Vergangenheit gleichsam in der Gegenwart neu. Dann ist unsere traditionelle Weihnachtskrippe aufgebaut und der Tannenbaum mit unserem alten Christbaumschmuck geschmückt.

Inzwischen sind wir dort mit Kindern, Enkeln und Urenkeln etwa 60 bis 70 Personen, allein mein Mann und ich haben fünf Kinder und 17 Enkelkinder, die allerdings nicht immer alle kommen können. Jeder von uns bringt etwas zu essen mit. Ein Familienzweig übernimmt in der Küche die Verantwortung und arrangiert alles auf dem großen Esstisch, auf dem eine handgestickte Tischdecke meiner Großmutter Mina Zinsser liegt und der mit unserem alten Familiengeschirr und dem Silberbesteck, das in Rhöndorf geblieben ist, gedeckt ist.

Wenn wir alle zusammen Weihnachtslieder singen, zusammen beten, hinterher etwas Gutes essen und dazu ein gutes Weinchen trinken, ist es jedes Mal sehr familiär. Wir feiern dann ein wirklich gemütliches Familienabendessen, das gleichzeitig ein sehr zu Herzen gehendes Fest und für uns zu einer festen Tradition geworden ist.
Mein Bruder Paul, der Priester, übernahm bis zu seinem Tod den religiösen Teil der Feier. Er berichtete auch immer in groben Zügen, was sich im vergangenen Jahr in der Familie ereignet hatte, wer dazugekommen war und wer uns leider verlassen musste, wie meine ältesten drei Geschwister, die inzwischen verstorben sind. Dann geden-

Ich, Lotte, Ria, Konrad, Max, Paul, Georg (v.l.n.r.) – Weihnachten 1993.

ken wir sehr innig der Toten und nehmen die Neugeborenen sowie die neu Angeheirateten mit Freuden auf. Die Familie wächst und vermehrt sich und das ist sehr erfreulich.

An diesem gemeinsamen Weihnachtsabend erzählen wir uns gegenseitig, was uns berührt, wobei viele Erinnerungen an früher wieder auftauchen. Manchmal könnte man meinen, wenn jetzt die Türe aufginge und der Vater hereinkäme, wäre das gar nichts Besonderes, so vertraut sind wir mit dieser Umgebung und untereinander. Der einzige Unterschied: Inzwischen gibt es viele Jugendliche in der Familie, die gerne mal rauchen – während der Vater nie geduldet hätte, dass in seiner Gegenwart geraucht wurde. Die Raucher sitzen dicht gedrängt in der Anrichte und verstehen sich besonders gut, weil sie ja dieselbe Leidenschaft teilen.

Den kleinen Kindern wird die Krippe erklärt, die Vater in seiner Kölner Zeit angeschafft hatte: ein wunderschönes großes, holzgeschnitztes Krippenhaus mit Maria, Josef und dem Jesuskind, umringt von Ochs und Esel im Stall, Elefanten und Kamelen für die drei Heiligen Könige, Schafe und Hirten am Lagerfeuer sowie Engeln. Die Kinder sind immer wieder sehr fasziniert von dieser Krippe, hocken sich davor auf den Boden und bestaunen alles.

Die Krippe gehörte meinem Bruder Paul, der sie sich als Erinnerungsstück erbeten hatte, weil er derjenige von uns Geschwistern war, der am längsten in Rhöndorf gelebt hatte. Sie wird jedes Jahr aufgebaut und bleibt dann eine gewisse Zeit auch für die Öffentlichkeit zu sehen.

„Manchmal könnte man meinen, wenn jetzt die Türe aufginge und der Vater hereinkäme, wäre das gar nichts Besonderes, so vertraut sind wir mit dieser Umgebung und untereinander.“

Geschenke werden bei unserem Familien-Weihnachtsfest so gut wie gar nicht ausgetauscht, ich bringe nur meinen Patenkindern etwas mit. Für die kleinen Kinder, die meinen, zu Weihnachten gehören Geschenke einfach dazu, ist das etwas schwierig, aber mittlerweile haben sie verstanden, dass es bei unserer Weihnachtsfeier in erster Linie um das familiäre Beisammensein geht.

Bei uns zu Hause gab es früher bis auf wenige Ausnahmen auch keine großen Geschenke. Ich erinnere mich noch an ein Weihnachten, an dem ich mir sehnsüchtig ein Fahrrad gewünscht hatte. Als es dann endlich so weit war und das Glöckchen ertönte – so machen wie es übrigens immer noch – und wir „Ihr Kinderlein kommet“ singend ins Weihnachtszimmer hereinkamen, schweiften meine Augen sofort umher, aber ich musste bitter enttäuscht feststellen, dass kein Fahrrad zu sehen war. Doch nachdem das Singen und die Gebete vorbei waren, nahm meine Mutter mich zur Seite und ging mit mir ins Nachbarzimmer. Und da stand dann zu meiner großen Freude das heiß ersehnte Fahrrad!

Aber solche großen Geschenke waren eher die Ausnahme, meistens bekamen wir Bücher geschenkt: Ich erinnere mich noch an so genannte Mädchen-Jahrbücher, von denen jedes Jahr eines erschien. Wir Kinder schenkten unseren Eltern immer etwas Selbstgemachtes, eine Handarbeit, Bastel- oder Laubsägearbeit.

„Bei uns zu Hause gab es früher bis auf wenige Ausnahmen auch keine großen Geschenke. Ich erinnere mich noch an ein Weihnachten, an dem ich mir sehnsüchtig ein Fahrrad gewünscht hatte.“

Am Ende des Weihnachtsabends in Rhöndorf müssen wir das Haus tiptop und mit gespültem Geschirr hinterlassen. Morgens um acht kommen die Putzfrauen, die auch sonst täglich das Haus in Ordnung bringen, und zwei Stunden später stehen die ersten Besucher vor der Tür, denen nun die Krippe gezeigt wird, die inzwischen sehr bekannt und beliebt ist.

Das Weihnachtsfest im Jahr 2007 war ein ganz anderes, eines mit schmerzvoller und dankbarer Erinnerung an meinen Bruder Paul, der am 5. August 2007 verstorben ist. Es ist für mich sehr bedeutsam, wie gerade aus der jüngeren Generation so manch einer sich durch Pauls Ausstrahlung, Herzenswärme und Glaubenszeugnis beschenkt erleben konnte. Für mich war er der geliebte, bewunderte große Bruder, der mit mir die Sieben Berge erwanderte, als wir 1935 nach Rhöndorf ins Löwenburger Tal zogen. Er war der Bruder, der meine Natur- und Blumenliebe teilte, der mit mir lachen und weinen konnte, er verstand meine Unruhen und Zweifel, bestärkte mich in meinem Elan; seiner aufrichtenden Nähe verdanken wir einen starken und wärmenden Zusammenhalt in der Familie.

***

Weihnachten im Kreis der Familie in Rhöndorf – 2003.

Den Heiligen Abend feiern mein Mann und ich immer mit unserer ältesten Tochter Monika, die in unserer Nähe lebt, und ihren sechs Kindern, die inzwischen alle erwachsen sind. Einige Kinder kommen am Weihnachtstag mittags um zwölf zu uns und helfen mir, den Heiligen Abend vorzubereiten. Wenn sie kommen, gibt es zum Mittagessen wie jedes Jahr Spaghetti mit Tomatensoße: Wir sitzen dann dicht gedrängt auf der Eckbank in der Küche und essen zusammen, wobei die Stimmung schon ziemlich aufgeregt ist. Ich habe vorher Zettel geschrieben und an die Schränke gehängt, auf denen steht, was alles gemacht werden muss, wobei jeder sein Ressort hat.

Paul, ich und Max (v.l.n.r.) – Weihnachten in Rhöndorf 2003.

Am Heiligabend essen wir immer Fleischfondue und Raclette. Eine meiner Enkelinnen bereitet die Soßen vor, die Jungen schneiden mit Vorliebe das Fleisch und den Käse und drapieren beides schön auf Tellern. Eine Enkelin deckt mit mir den Tisch und dekoriert ihn weihnachtlich. Den Tannenbaum habe ich meistens schon vorher geschmückt, sonst würden wir es zeitlich nicht schaffen, denn die Kinder sind zum großen Teil im Ausland berufstätig, kommen nur für dieses Weihnachtsfest angereist und haben daher nicht so viel Zeit.

Wenn wir mit unseren Vorbereitungen fertig sind, so gegen drei, halb vier, fahren die Enkel nach Hause, um sich umzuziehen. Wenn sie um halb fünf mit Monika zu uns kommen, singen wir zunächst Weihnachtslieder, wie es früher bei uns zuhause üblich war. Das Glöckchen ertönt, die Kerzen am Weihnachtsbaum sind angezündet und wir ziehen singend ins Wohnzimmer.

Wir haben auch eine schöne Krippe, die eine Freundin von uns vor fast 50 Jahren geschnitzt hat. Die Hirten haben die Kinder zum Teil noch selbst gebastelt und freuen sich immer, wenn sie die wiedersehen. Auch der selbst gebastelte Christbaumschmuck hängt jedes Jahr wieder am Tannenbaum.

„Nachdem wir gebetet haben, ist es immer mein Wunsch, dass jedes der Kinder etwas sagt, womit es sich beschäftigt oder was es uns mitteilen will. Da kommen wirklich, je älter die Kinder werden, sehr persönliche Gedanken zum Ausdruck.“

Nachdem wir gebetet haben, ist es immer mein Wunsch, dass jedes der Kinder etwas sagt, womit es sich beschäftigt oder was es uns mitteilen will. Da kommen wirklich, je älter die Kinder werden, sehr persönliche Gedanken zum Ausdruck: Die Sehnsucht nach Frieden in der Welt ist sehr stark. Oder der Wunsch, den richtigen Beruf zu wählen. Oder besser mit einer bestimmten Situation, in der sich ein Kind gerade befindet, fertig zu werden. Manchmal musizieren meine Enkel auch, wie es meine Kinder früher zu Weihnachten immer getan haben – auf dem Cello oder der Geige, der Flöte oder dem Klavier, das gehört einfach dazu.

Danach essen wir in aller Gemütlichkeit unser Fondue, wobei wir nur aufpassen müssen, dass nicht in der Zwischenzeit unser Hund alle süßen Teller leer frisst – das ist auch schon passiert. Und schließlich klingt der Tag mit intensiven Gesprächen und einem guten Glas Wein aus.

Weihnachten 2007 hat unser Enkel Wendelin seine „Weihnachtlichen Gedanken“ zu Papier gebracht und vorgelesen. Sie haben mich sehr berührt, weil sie mir noch einmal gezeigt haben, wie wichtig unseren Enkeln unsere Weihnachtstraditionen sind:

Ich bin nun schon seit einigen Monaten in Finnland, weit weg von dem Land und der Kultur, die ich meine Heimat nenne. Die Vorfreude wieder dorthin zurückzukehren ist groß, besonders bei dem Gedanken, mit und in der Familie Weihnachten zu feiern.

Seit wie vielen Jahren feiere ich eigentlich schon Weihnachten bei den Großeltern in Neuss? Ich glaube, es ist seit etwa 15 Jahren. Ich kenne keine andere Weise, dieses so wichtige Fest zu feiern, fällt mir in diesem Moment auf. Mich hat die Art und Weise, diese Abende und Tage zu verbringen, sehr geprägt, die Reihenfolge, in der die Dinge geschehen: Um 12 Uhr antreten zum Mittagessen, Rita hat gekocht, alle setzen sich an den Küchentisch, Omamas genaue Instruktionen sind schon vor Wochen auf Notizzettel gebannt, die Jungs kümmern sich um Fleisch, Käse und Getränke, Feli um die Dekoration, Stanzi um Saucen usw., dann wird der Kamin entzündet, es wird gesungen, Omama stimmt „Maria durch ein Dornwald ging" an. Opapa klingelt, Verlesen des Evangeliums, Beten des Vaterunsers.

Ich habe das Gefühl, es läuft alles immer nach demselben Muster ab. Das könnte einem eigentlich auf die Nerven gehen, nach dem Motto: immer dasselbe, keine Abwechslung, Dynamik.

Jedoch macht sich bei mir genau das Gegenteil bemerkbar. Je näher dieser Tag rückt, desto größer wird meine Freude. Meine Vorfreude steigt und steigt, genau aus dem Grund, dass ich weiß, was mich erwartet. Die Ruhe, die dieser jährliche Rhythmus ausstrahlt, gibt mir Kraft. Es ist, als wenn an diesem Abend alle Uhren still stehen würden. Die Gewissheit, dass alles so ist wie immer. Der Raum, das Haus ist voller Erinnerungen und Wärme.

In diesem Herbst ist mir immer bewusster geworden, wie kostbar diese Begegnungen sind. Die Jugend von damals macht sich selbständig und feiert diesen Abend im eigenen Rahmen. Stanzi in Australien, Sophie mit der eigenen Familie. Ihr Eltern und besonders Großeltern seid schon weit in eurem Leben fortgeschritten. Es wird sich viel ändern in den nächsten Jahren, und deswegen können wir diese Abende nicht genug schätzen. Ich bin in meinem Leben an einem Punkt angekommen, an dem ich meine Ausbildung abschließe. 25 Jahre, ein Viertel meiner Lebenszeit sind gelebt und mein Sein, d.h. Charakter, Wesen und Denken, erstarrt. Damit meine ich nicht, dass ich mich nicht mehr verändern kann und werde, sondern dass es einen Kern gibt, den ich mein Leben lang haben werde. Ich wurde zu einem kritisch denkenden, mitfühlenden, nüchternen aber auch emotionalen Men-

Die Rhöndorfer Weihnachtskrippe.

schen erzogen. Ich habe früh gelernt, mit Verantwortung umzugehen. Ich schaue sehr positiv in die Zukunft. Das, was ich bin, bin ich zum Großteil durch Euch. Dafür bin ich Euch von ganzem Herzen dankbar.

Das sind Gedanken, die mich auf der Reise nach Neuss begleiten. Ich wünsche mir, dass wir uns über die Einzigartigkeit dieses Abends bewusst sind. Dass wir andere Menschen daran teilhaben lassen im Sinne der Nächstenliebe. Die Familie ist und wird in meinem Leben das Wichtigste sein.

Kürzlich fielen mir die Weihnachtsansprachen meines Vaters wieder in die Hände, sie sind in seinem Buch *Glauben an den Sieg des Lichtes* abgedruckt. Aus zweien von ihnen – aus den Jahren 1951 und 1954 – möchte ich an dieser Stelle einige Abschnitte zitieren, weil ich sie so aktuell finde und sie sei-ne Art zu denken ebenso wie die damalige Zeit so anschaulich widerspiegeln.

Heiligabend 1951! Es war stille geworden im Hause. Die Kerzen am Christbaum waren verlöscht, bis auf wenige, die mit ihrem Schein alles, den Christbaum, die Krippe, den Gabentisch, geheimnisvoll erhellten.

Ein tiefes Nachdenken überkam mich, die Erinnerung an vergangene Weihnachten. Ich sah mich wieder als Kind mit meinen drei Geschwistern im Elternhause. Wie hatte man sich wochenlang auf den Heiligen Abend gefreut, gespart, Groschen um Groschen, um auch den Eltern etwas schenken zu können. Es war alles einfach und der Gabentisch war bescheiden, es gab etwas Spekulatius und Printen, und, das war das Schönste von allem – ich wusste nie vorher, ob ich es auch wirklich bekam – ein Buch von Wörishöf-

fer. Das war die Erfüllung meiner kühnsten Wünsche.

Man gedachte des Christkinds, der Engel und Hirten, der herrlichen Weihnachtsgottesdienste. Man war so glücklich.

Dann zogen die Weihnachten an meinen Augen vorüber, die ich meinen Kindern, als die noch klein waren, bereitet hatte. Die Briefe an das Christkind, die sie wochenlang vorher geschrieben und auf die Fensterbank legten, damit das Christkind sie über Nacht holte, enthielten allerlei Wünsche, kleine und große, dass es für die Eltern köstlich war, sie zu lesen…

Noch auf etwas anderes wollen wir uns besinnen: Feiern wir wirkliche Weihnacht? Ist es eine geweihte Nacht, die wir begehen, ein Fest, erfüllt von Weihe, von Stille, von Besinnlichkeit? Ist es wirklich ein Fest, an dem wir anderen eine Freude bereiten wollen, so wie uns einst Freude bereitet worden ist? Oder ist nicht Weihnachten dem Fluch unserer Zeit, der Rastlosigkeit, der Unruhe, der Äußerlichkeit verfallen? Ich fürchte, es ist so! Dann wollen wir uns besinnen. Wir wollen daran denken, dass wir das Fest der Geburt des Heilandes begehen, des Sohnes Gottes, der in die Welt kam, um den armen und gehetzten Menschen den Frieden zu bringen.

Wir wollen versuchen, in diesen Tagen alte Quellen in uns neu zu erschließen, Quellen, die unter dem Gestrüpp des Alltages, unter dem Schutt der Kriegsereignisse, unter dem Treibsand des modernen Lebens, seiner Hast und Hetze, seiner Äußerlichkeit und Genusssucht, seinem entsetzlichen Betrieb doch noch vorhanden sind. Wir müssen sie befreien von all dem Schutt und Gestein, das diese Jahre auf sie gehäuft haben. Sie werden dann wieder lebendig werden und uns wieder Leben spenden.

Ich fürchte, es wird kein Friede, keine Ruhe, keine Freude für die Menschheit geben, wenn wir nicht zurückfinden zu den ewigen, unvergänglichen Gütern, auf denen allein das Glück der Menschen aufgerichtet werden kann. Schrankenlose, hemmungslose Ichsucht, Sucht nach Betrieb und Genuss bringen kein Glück. Verinnerlichung, Besinnung auf sich selbst, Arbeit und Sorge für andere und für das Gemeinsame, das ist, was uns not tut und was uns glücklich macht. Der Krieg zerstörte alle menschlichen Werte, nur der Friede entwickelte sie. (1951)

***

„Ehre sei Gott in der Höhe, und Friede den Menschen auf Erden, die guten Willens sind." Es ist ein sehr tiefes Wort, das die himmlischen Heerscharen an die Menschen, auch an uns, in jener geweihten Nacht gerichtet haben: Friede den Menschen. Doch Gott sei Dank ist ja das Schlimmste verhütet, ist der äußere Frieden bewahrt worden. Aber ich glaube, die Engel haben nicht nur an diesen Frieden, sie haben auch an den inneren Frieden gedacht bei ihrer Verheißung. Ohne den inneren Frieden werden wir niemals glücklich werden auf Erden, werden wir niemals die Zufriedenheit gewinnen, die die Grundlage des Glückes auf Erden ist.

Vielleicht ist es gut, wenn wir einmal darüber nachdenken, wie sprachlich dicht beieinander stehen und wie eng verwandt sind die Worte: Frieden und Zufriedenheit. Unsere Zeit ist eine gefährliche Zeit, gefährlich für den Frieden,

gefährlich für die Zufriedenheit. Erscheint nicht Zufriedenheit vielen als Gegnerin des Fortschritts, und ist nicht für viele noch immer der Fortschritt der Götze, den sie anbeten? Und doch ist das eine Auffassung, die den Menschen niemals zur Freude kommen lässt, die ihn dazu verführt, das Erreichte gering zu achten, die ihn immer weiter treibt, bis er schließlich am Ende seiner Tage erkennen muss, dass sein Leben schöner und froher gewesen wäre, wenn er sich dessen gefreut hätte, was er besessen hat.
Es ist nicht nötig, immer wieder der Abwechslung, der Zerstreuung, dem Vergnügen nachzustreben. Ich weiß nicht, ob das glücklich, ob das zufrieden macht. Ich habe viele Menschen kennen gelernt in den Höhen und Tiefen, durch die mein Lebensweg mich geführt hat. Die Erfolgreichen waren nicht immer die Glücklichen, diejenigen, die dem Gewinn, dem Genuss, dem Geld, der Macht nachjagten, waren sicher nicht die Glücklichsten, auch wenn sie Genuss und Geld und Macht erlangten. (1954).

■

20

Die Wertvorstellungen meines Vaters

Wenn man Bücher über meinen Vater liest, beispielsweise aus seiner Zeit als Oberbürgermeister in Köln, heißt es oft, er sei ein herrschsüchtiger, autoritärer Mann gewesen. Ich würde sagen, so stimmt das nicht. Sicher war er eine Autorität, eine starke Persönlichkeit, und wusste genau, was er wollte.

Zudem besaß er einen sehr starken Willen und konnte daher das, was er sich vorgenommen hatte, meistens auch durchsetzen. Dabei ging er oft sehr gewitzt vor, weshalb er auch den Spitznamen „der schlaue Fuchs" bekam. Wenn er einzelne Leute zu einem Gespräch bat, konnte er sie so überzeugen, dass sie ihm hinterher zustimmten. So war es auch beim Bau einer Kölner Brücke. Es gab einen Brückenentwurf, den die Stadtverordneten überwiegend befürworteten, er wollte jedoch unbedingt eine Hängebrücke haben. Also bat er die kommunistische Fraktion im Rathaus zu sich. Er zeigte ihnen Bilder von Leningrad mit der Bemerkung, wie schön die Hängebrücke dort aussehe und wie wunderbar es für Köln wäre, genau so eine Brückenkonstruktion zu bekommen. Auf diese Art und Weise beschaffte er sich die Mehrheit für die von ihm favorisierte Hängebrücke. Er wusste genau, was er wollte, und war dann auch fest davon überzeugt, dass es richtig war. Vielleicht wirkte er dadurch auf andere autoritär.

Vater eine Rose betrachtend - 1959.

Als Oberbürgermeister – mit 41 Jahren damals der jüngste in dieser Position – hatte er eine sehr starke Stellung. Aufgrund seiner Machtposition als Chef der Verwaltung wurde er auch „der König von Köln“ genannt. Später, als Bundeskanzler, musste er jedoch sehr flexibel im Umgang mit den anderen Parteien sein. In der politischen Arbeit nach dem Zweiten Weltkrieg kam es sehr auf die Zusammenarbeit der CDU-Politiker und Abgeordneten an, weil damals entscheidende Weichen für die Zukunft Deutschlands neu gestellt wurden. Da war er in eine parlamentarische Gruppe eingebunden und musste sich entweder der Mehrheit beugen oder aber die Mehrheit zu seinen Gunsten beeinflussen. Insofern war dies eine ganz andere Situation, mit der er jedoch sehr gut umgehen konnte. Ein Paradebeispiel für Vaters Fähigkeit, sich auf Menschen einzustellen, erlebte ich bei einem abendlichen Besuch im hell erleuchteten Palais Schaumburg.

„Später, als Bundeskanzler, musste er jedoch sehr flexibel im Um-gang mit den anderen Parteien sein. In der politischen Arbeit nach dem Zweiten Weltkrieg kam es sehr auf die Zusammenarbeit der CDU-Politiker und Abgeordneten an, weil damals entscheidende Weichen für die Zukunft Deutschlands neu gestellt wurden.“

Ich kam von einer anderen Veranstaltung und wollte Vater guten Abend sagen, weil ich noch viel Licht im Palais sah. Es war ein warmer Sommerabend und er saß auf der Terrasse im Kreise vieler Abgeordneter seiner CDU-Fraktion, denen er beste Weine angeboten hatte. Die Stimmung war gelöst und ich beobachtete mit Überraschung, wie einfühlsam mein Vater auf die Abgeordneten einging, sie ermunterte, herausforderte oder neckte. Ich hatte den Eindruck, er war der altersüberlegene, weise Lenker dieser

Runde. Alle waren von ihm fasziniert und glücklich, dabei sein zu dürfen. Selbst politische Gegner hat er auf diese Weise zu seinen Freunden gemacht.

Über Religion und Werte

Als gläubiger Mensch ging Vater jeden Sonntag in die Kirche. In Rhöndorf wurde ihm später ein eigener Platz zugeteilt, wo er immer kniete. Auch uns Kinder hielt er früh an, regelmäßig in die Kirche zu gehen. Darüber hinaus mussten wir am Sonntagnachmittag in die Christenlehre – somit war der Sonntag gänzlich verplant. Doch da wir es nicht anders kannten und es für uns eine Selbstverständlichkeit war, zogen wir es nicht weiter in Zweifel und begehrten auch nicht dagegen auf.

„Sehr wichtig war ihm das Gebot der Nächstenliebe. [...] Ich glaube, daraus ist auch mein eigenes Interesse für soziale Fragen erwachsen, das ich später in der Kommunalpolitik umgesetzt habe."

Vater hatte eine sehr freiheitliche Auffassung vom Christ sein. Mit kirchlichen Hierarchien hatte er seine Schwierigkeiten. Als ganz junger Mensch empfand ich das nicht so, aber viel später, als ich mit ihm in den Ferien in Cadenabbia war und wir unter den Olivenbäumen sitzend über dieses und jenes sprachen, habe ich sehr stark empfunden, dass er auch als Christ sehr unabhängig dachte. Nach seiner Auffassung war es sehr wichtig, sich selbst und seinem Leben eine Linie zu geben. Zwar einzusehen, dass es auch Phasen gibt, in denen man schwach ist, daraus aber immer wieder neue Kraft zu schöpfen, um die Gestaltung des eigenen Lebens voranzutreiben.

Sehr wichtig war ihm das Gebot der Nächstenliebe, dem er sich während seines ganzen Lebens verpflichtet fühlte. Das versuchte er auch uns zu vermitteln. Dabei ging es ihm ganz besonders um die praktische Nächstenliebe in den vielen kleinen Dingen des Alltags. Diese tätige Nächstenliebe kann sich ja in vielerlei Formen äußern, beispielsweise indem man hilfsbereit und freundlich ist oder einen Menschen unterstützt, wenn er in Not ist. Ich glaube, daraus ist auch mein eigenes Interesse für soziale Fragen erwachsen, das ich später in der Kommunalpolitik umgesetzt habe. Vater war ein religiöser Mensch, der daran arbeitete, seine religiöse Perspektive und seine Verwurzelung im Christentum zu Leitlinien seiner Partei zu machen, sie sind denn auch in das Parteiprogramm der CDU eingeflossen und werden hoffentlich auch in der gemeinsamen Europa-Verfassung noch ihre Spuren hinterlassen.

„Ehrlichkeit, vor allem sich selbst gegenüber, war ihm immens wichtig. Das heißt ja letztlich, die Dinge realistisch zu sehen und pragmatisch mit ihnen umzugehen. Er konnte es überhaupt nicht vertragen, wenn jemand sich etwas vermachte.“

Er war der festen Meinung, dass jeder Mensch eine religiöse Orientierung brauche und man ohne sie nicht gut leben könne. Diese Orientierung musste für ihn nicht unbedingt katholisch sein. Hauptsache war für ihn, dass es eine religiöse Ausrichtung war, die einem half, mit sich selbst ins Reine zu kommen, und die einem auch in schwachen Stunden eine Orientierung gab.

Für seine negativen Stimmungen bildete vor allem meine Mutter ein gutes Gegengewicht. Mit ihrem optimistischen Naturell konnte sie ihm helfen, solche Stimmungslagen zu überwinden. Daher ergänzten sie sich beide so wunderbar.

Sehr wichtig war ihm die innere Aufrichtigkeit, die sich, wie er meinte, auch in der äußeren Haltung widerspiegelt. Und umgekehrt: Vater war auch in seiner äußeren Haltung sehr aufgerichtet und ging sehr gerade. Er bemühte sich auch stets darum, diese innere Ausgeglichenheit und Aufrichtigkeit, Gradlinigkeit und Ehrlichkeit in sich zu finden. Ehrlichkeit, vor allem sich selbst gegenüber, war ihm immens wichtig. Das heißt ja letztlich, die Dinge realistisch zu sehen und pragmatisch mit ihnen umzugehen. Er konnte es überhaupt nicht vertragen, wenn jemand sich etwas vormachte.

Doch obwohl er ein überzeugter Realist war, pflegte er durchaus lebhafte geistige Interessen und war tiefer Gefühle fähig, was in manchen seiner Briefe sehr schön zum Ausdruck kommt. Seine Religiosität verband sich mit seiner Ehrfurcht vor den Wundern der Natur, die für ihn überlebenswichtig war und in der er Kraft tankte, vor allem in den Jahren seines politischen Exils. Diese tiefe Liebe zur Natur und zur Schöpfung als etwas von Gott gegebenem, mit dem man gut umgehen muss, begleitete ihn sein ganzes Leben lang.

Es wird immer gesagt, er habe Rosen gezüchtet, aber das stimmt so nicht. Er hat nie Rosen gezüchtet, aber er hat seine Rosen geliebt. Wenn er Besuch hatte, dem er seinen Garten zeigen wollte, steckte er sich vorher immer eine kleine Gartenschere in die Westentasche. Im Garten schnitt er dann eine besonders schöne Rose ab und überreichte sie seinem Gast. Oder er ging, kurz bevor eine Besucherin sich verabschiedete, in den Garten, pflückte eine schöne Rose und überreichte sie ihr an der Haustüre. Das war sein Ausdruck von: „Ich gebe dir etwas von der Schönheit der Schöpfung mit."

Aufgrund seiner Liebe zur Natur schuf er auch den Grüngürtel um Köln, weil er fand, der freie Zugang zur Natur sei für die Menschen außerordentlich wichtig. Vater erklärte uns seine Beweggründe damals so: „Ich tue das für die Bevölkerung von Köln, weil ich möchte, dass die Menschen die Möglichkeit haben, einmal aus der Stadt herauszukommen und in die Natur zu gehen, um sich dort wieder selbst zu finden und zu erholen und um den Kindern die Gelegenheit zu geben, die Natur überhaupt kennen zu lernen."

Aus diesem Grund fuhr er in seiner Zeit als Kölner Oberbürgermeister gern am Sonntagmorgen von Köln aus mit seinen großen Söhnen im Zug nach Rhöndorf oder nach

Königswinter und wanderte dort mit ihnen den ganzen Tag. Auf diese Weise lernte er auch das Rhöndorfer Tal kennen, wo er sich später niederließ.

***

Ich könnte mir meinen Vater in der jetzigen politischen Situation und in Auseinandersetzung mit den Medien und ihren Auswirkungen auf die Phantasie der Menschen überhaupt nicht mehr vorstellen.

Er hatte die schreckliche Hitlerzeit mit ihren Gräueln hinter sich gebracht, und wir alle waren nach dem Zweiten Weltkrieg davon überzeugt, einer besseren Zukunft entgegenzugehen, die wir mitgestalten wollten. Wir fühlten die Verantwortung, ein neues, freies Deutschland, ein demokratisches Deutschland zu schaffen. Nach 60 friedlichen Jahren in einer gefestigten Demokratie, in ungeahnter Freiheit und mit einem hohen Lebensstandard, beobachten wir nun mit Schrecken, wie Terror, Gewalt und religiöser Fanatismus um sich greifen. Ich kann nur hoffen, dass sich im Vereinten Europa eine christliche Wertegemeinschaft bildet, die ihre Verantwortung wahrnimmt.

■

21

Eine Tochter Konrad Adenauers

Ein Kind von Konrad Adenauer zu sein, brachte uns im Dritten Reich außerordentlich viele Nachteile. Diese Erfahrungen haben meine Jugend und mein Leben sehr geprägt, ich glaube, das ging meinen Geschwistern ähnlich. Nach dem Krieg wendete sich plötzlich das Blatt: Nachdem wir jahrelang von allen Menschen geschnitten worden waren, waren mit einem Mal alle unglaublich freundlich und hofierten uns. Das fanden wir genauso erschreckend.

Als Abgeordnete der Europa-Union gratuliere ich NRW-Ministerpräsident Johannes Rau (SPD) zum 50. Geburtstag. In der Mitte Bundesratspräsident Hans Koschnick (SPD) – 1981.

Später, als Vater Bundeskanzler wurde und ich manchmal auf Zeitungsfotos zu sehen war, hatte ich bisweilen das Gefühl, dass manche Leute nur nett zu mir waren, weil ich eine Tochter von Konrad Adenauer war. Wir hatten so viel Verachtung und Zurückweisung, die uns quasi zur Gewohnheit geworden war, erfahren, dass wir später, als sich die Haltung der Menschen in ihr genaues

Ich - die kleine Tochter von Konrad Adenauer - 1930.

Gegenteil verkehrte, nur schwer damit umgehen konnten.

Ich habe bis heute Hemmungen, meinen Mädchennamen zu sagen und mich offiziell auch nie Libet Werhahn-Adenauer genannt, das haben andere gemacht, um zu verdeutlichen, mit wem sie es zu tun hatten. Noch heute sprechen mich manchmal Leute auf der Straße, beim Spazierengehen oder im Geschäft an: „Entschuldigen Sie, darf ich Sie mal etwas fragen?“ Dann weiß ich schon genau, was jetzt kommt. Sogar heute noch, nach so vielen Jahren!

Bundestagswahlkampf für den CDU-Kanzlerkandidaten Helmut Kohl – 1976.

„Sind Sie ...?“

„Ja“, sage ich dann, „ich bin die Tochter von Konrad Adenauer.“

Dann kommt meistens etwas im Sinne von „Hach, dass ich das erlebe! Das ist ja wunderbar!“ oder Ähnliches.

Heute kann ich damit gut umgehen, indem ich auf die Leute eingehe und sage: „Ich kann gut verstehen, dass Sie sich freuen. Diese Erinnerungen sind ja auch etwas Schönes!“ Das hätte ich früher nie sagen können. Bei uns zuhause wurde wegen Vaters herausragender Stellung als Politiker und Bundeskanzler nie großes Aufhebens gemacht.

Auch meine Kinder mussten erst lernen, damit umzugehen. Anfangs hatten sie große Schwierigkeiten, beispielsweise in der Schule, wenn sie immer gefragt wurden: „Sag mal, stimmt das, dass du ein Enkel oder eine Enkelin von Adenauer bist?“ Oft fehlte ihnen das nötige Selbstbewusstsein einfach zu sagen: „Ja." Meine Kölner Brüder und deren Kinder, die den Namen Adenauer tragen, hatten damit viel weniger Probleme. Als ich meine Brüder später einmal fragte, wie sie damit umgingen, ständig auf unseren berühmten Vater angesprochen zu werden, antworteten sie nur: „Wie sollen wir damit umgehen? Das ist doch nun mal so."

Inzwischen habe ich durch meine politische Arbeit gelernt, mich nicht instrumentalisieren zu lassen. Aber als ich in den siebziger Jahren als so genannte Sachkundige Bürgerin der Kommunalpolitik anfing, merkte ich ziemlich schnell, dass man mich mit meinem Namen vereinnahmen wollte. Man glaubte, mich als Tochter des früheren Bundeskanzlers in eine Schublade stecken zu können, die man bei Bedarf immer herausziehen konnte. Mein Vater war ja als Kölner Oberbürgermeister ein berühmter Kommunalpolitiker gewesen und der Name zog nach wie vor sehr. Ich habe es zwar geduldet, mich jedoch durch mein soziales und kulturelles Engagement darum bemüht, ein eigenes politisches Profil zu entwickeln, was den Parteioberen in Neuss oft nicht so recht ins Konzept passte.

Konrad und Stephan im Bundestagswahlkampf – 1976.

Dabei erlebte ich, wie positiv die Bevölkerung auf die Arbeit von Frauen im Parteivorstand reagierte; es war eine andere Art, mit Menschen umzugehen und mit ihnen zu sprechen. Ich erinnere mich noch an eine Vorstandswahl, bei der sich drei Frauen um die Mitwirkung im Vorstand beworben hatten: Karla Geismann, Annette Schavan und ich. Es traf sich, dass wir am Wahlabend das Ehepaar Rohwedder zum Essen eingeladen hatten. Irgendwann zwischen Hauptgericht und Dessert bekam ich plötzlich einen Anruf. Ich entschuldigte mich bei unseren Gästen und sagte, ich müsse kurz zur Vorstellung für meine Wahl in den Parteivorstand.

Im Saal herrschte eine gespannte Atmosphäre, und nach dem Auszählen der Stimmen kam ein Laut der überraschten Zustimmung aus der Schar der Mitglieder, denn alle drei Frauen hatten gewonnen und sogar die ersten Plätze erobert! Und, oh Wunder, ich hatte die meisten Stimmen. So etwas hat es in Neuss weder vorher noch hinterher je gegeben.

Wir drei Frauen bildeten ein sehr konzentriertes Team und formulierten Anträge, Ideen und Konzepte gemeinsam. Es war eine sehr intensive Erfahrung für mich, zu erleben, wie viel Rückendeckung man erfährt, wenn man mit anderen Frauen zusammen politisch arbeitet.

Ich (links) mit Hannelore Kohl auf dem CDU-Parteitag in Düsseldorf – 1978.

Das alles liegt nun 40 Jahre zurück, inzwischen hat sich die Haltung gegenüber Frauen in Politik, Wirtschaft und öffentlichem Leben doch sehr geändert. Frauen sind heute keine Exoten mehr.

Für mich waren das sehr lehrreiche Jahre. Mein Wahlbezirk lag am Stadtrand, einer Gegend mit vielen Hochhäusern, in denen Leute aus sozial schwachen Verhältnissen lebten. Dort habe ich viele

Hausbesuche gemacht, die Leute konnten mich auch jederzeit anrufen, wovon sie auch eifrig Gebrauch machen. Das war zwar mühsam, aber auf diese Weise kannte ich viele Familien persönlich und baute einen guten Kontakt zu ihnen auf. Ich habe beispielsweise Sprechstunden abgehalten, für eine Spielplatzerneuerung Ortsbesichtigungen gemacht und Nachbarschaftsfeste or-ganisiert. Außerdem nahm ich an Seminaren der Konrad-Adenauer-Stiftung teil und lernte viel über Haushaltsrecht, was für die kommunalpolitische Arbeit unerlässlich ist. Als Kommunalpolitikerin schulte ich mich natürlich auch im freien Reden in speziellen Rhetorik-Seminaren, die ich später auch für andere Mandatsträger organisierte. Die Leute zum freien Sprechen zu bringen, ihnen zu helfen, ihre Hemmungen zu verlieren und ihre Meinung zu sagen – das war auch immer ein Anliegen meines Vaters gewesen.

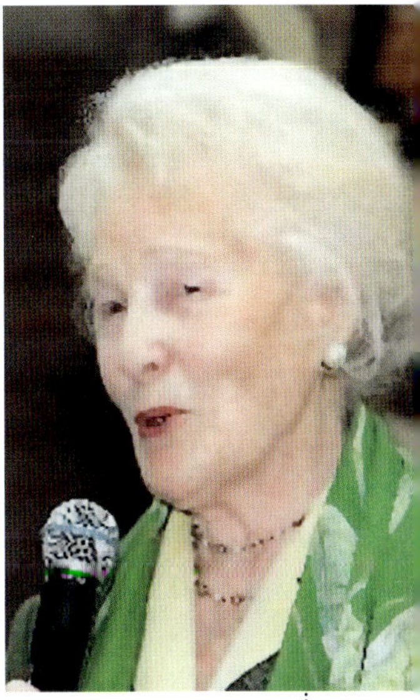

Ich beim 50. Jubiläum der Europäischen Union.

Als ich 1989 aufhörte, war ich insgesamt 15 Jahre politisch aktiv gewesen – als Stadtverordnete, als kommunalpolitische Vorsitzende und schließlich als stellvertretende Vorsitzende der Europa-Union in Düsseldorf, was mir besonders viel Spaß machte. Ich hatte sehr nette Mitarbeiter, die aus der SPD und der FDP kamen. Wir waren ein sehr gutes Team und hielten viele Veranstaltungen auch auf dem platten Land ab, um den Menschen die Europapolitik zu erklären, denn die meisten von ihnen hatten keine Ahnung, was auf sie zukam. Es war eine Mischung aus Aufklärungsarbeit und Erwachsenenbildung, bei der wir Filme organisierten und vorführten, in denen Europa und die Zusammensetzung der einzelnen europäischen Organe anschaulich gemacht wurden.

Es war eine gute Zeit mit einem klaren politischen Ziel. Als man mir dann anbot, für die Europa-Wahl zu kandidieren, habe ich das jedoch nicht mehr angenommen. Ich wollte nicht mehr so viel unterwegs, sondern lieber hier vor Ort sein, um meine Kinder und Enkel mehr zu sehen.

***

Verleihung des Verdienstordens des Landes Nordrhein-Westfalen durch Ministerpräsident Jürgen Rüttgers 23.Oktober 2007.

Ich möchte kein Pauschalurteil fällen, aber mein Eindruck ist, dass heute viele Politiker werden, um sich selbst in einer öffentlichen Rolle zu sehen, die Machtausübung verspricht. Ich will damit nicht sagen, dass mein Vater es nicht genossen hätte, wenn er auf Wahlreden oder im Ausland bejubelt und begeistert gefeiert wurde. Natürlich hat ihm das sehr gut getan, wenn er sich von der Öffentlichkeit getragen wusste; solche Erfolgserlebnisse braucht jeder, zumal es eine große Belastung darstellt, Politiker zu sein. Dem eigenen Staat zu dienen ist eine große Aufgabe, die keinen allzu großen Raum für Selbstdarstellung lässt. Es ist sehr viel Einsatz gefordert, großer Ideenreichtum, viel Verständnis für andere, viel Kommunikation und Geduld bei der Orientierungssuche. Außerdem muss man sehr flexibel sein. Das Ganze ist also sehr anstrengend.

Politisches Engagement zieht sich sozusagen als Vermächtnis meines Vaters durch die Familie. Mein Bruder Max war lange Jahre als Oberstadtdirektor in Köln tätig und sehr beliebt. Auch mein jüngster Bruder Georg hat sich kommunalpolitisch engagiert.

Das politisch aktivste Familienmitglied ist zur Zeit sein Sohn Sven Georg Adenauer, der im Kreis Gütersloh zum Landrat gewählt wurde. Mein Bruder Paul war als Priester im sozialen und seelsorgerischen Bereich engagiert und hat da in seinem Leben sehr viel bewirkt. Ich selbst habe vor meiner politischen Tätigkeit viele Jahre lang in der Telefonseelsorge mitgearbeitet.

Rede anlässlich Vaters 40. Todetstag.

Soziales Engagement, sich intensiv einzubringen im praktischen Dienst am Nächsten, hat uns unsere Mutter schon sehr früh nahe gebracht. Weihnachten nahm sie immer einen oder zwei von uns mit, wenn sie kranke und alte Leute besuchte, damit wir erlebten, wie es ist, wenn jemand hinfällig und krank ist und wie man ihm eine Freude bereitet, indem man ihm etwas schenkt. Es gehörte zu unserer Erziehung, von dem, was wir hatten, etwas abzugeben. So sammelten wir beispielsweise in der Fastenzeit, wenn wir keine Süßigkeiten aßen, alles Süße, was wir geschenkt bekamen, um es jemandem zu bringen, von dem wir wussten, dass er nichts hatte. Wenn ich zurückdenke, sind es genau diese Erfahrungen, die mir eine ganz tiefe Akzeptanz und Hinwendung zu anderen Menschen vermittelt haben.

Bundeskanzlerin Angela Merkel würdigt unseren Vater an dessen 40. Todestag als Weichensteller für die Freiheit – 19. April 2007. (v.l.n.r.): ich, Dr. Dorothee Wilms und Angela Merkel. Im Hintergrund mein inzwischen verstorbener Bruder Paul.

Nachwort

Wenn ich meine Lebenserinnerungen noch einmal durchdenke, die so eng mit den Erinnerungen an meinen Vater verbunden sind, stellt sich natürlich die Frage, ob er für mich ein Übervater war. Das kann ich jedoch überhaupt nicht bestätigen. Gerade die letzten Jahre seines Lebens, die ich so häufig mit ihm in Cadenabbia verbringen konnte, haben zu einer innigen Beziehung und einem großen gegenseitigen Verständnis zwischen uns geführt.

Dabei ging er so auf mich ein, dass ich bereit war, mich ihm zu öffnen und ihn an meinen Gedanken, Gefühlen und Interessen teilnehmen zu lassen. Das hat ihn wiederum ermuntert, mich nicht nur an den großen Weltereignissen, sondern auch an seinem Gefühls- und Gedankenleben und den stillen menschlichen Dingen teilhaben zu lassen, was ich sehr berührend fand.

Da begegnete mir nicht mehr der große, kraftvolle, mächtige und einflussreiche Vater, sondern der Mensch Konrad Adenauer, der mir, dem Menschen Libet, seiner Tochter, nahe war. Diese Erinnerung, die von allen anderen gleichsam die Essenz darstellt, ist für mich eigentlich die

In Rhöndorf: Paul, ich, Lotte und Georg (v.l.n.r.) – Frühjahr 2003.

bedeutsamste und wertvollste, und ich bin glücklich und empfinde tiefe Dankbarkeit, einen solchen Vater gehabt zu haben.

Ich erzählte bereits, wie eindrucksvoll mein Mann die erste Begegnung und das erste längere Gespräch mit meinem Vater erlebte, als er ihn über seine Russlanderlebnisse befragte. Dieses Erlebnis, dass ein Mensch ihm wirklich zuhörte, war für meinen Mann überwältigend. Es führte zu einer starken Hinwendung zu meinem Vater, dem er eine so tiefe Verehrung entgegenbrachte, dass er eine sehr eigenständige Interpretation der Persönlichkeit Konrad Adenauers entwickelt hat. Die trägt er in seinem Herzen und spricht auch oft und gern mit seinen Freunden oder Familienangehörigen darüber.

„Diese Erinnerung, die von allen anderen gleichsam die Essenz darstellt, ist für mich eigentlich die bedeutsame und wertvollste, und ich bin glücklich und empfinde tiefe Dankbarkeit, einen solchen Vater gehabt zu haben.“

Seine Interpretation ist nach zwei Bildern gestaltet, die wir von meinem Vater besitzen und die sehr gegensätzlich sind. Es ist zum einen das in den sechziger Jahren entstandene, sehr strenge Bild von Ernst Günther Hansing, das eine sehr große Ausdruckskraft hat, weil auf ihm die beiden verschiedenen Gesichtshälften, die Vaters Gesicht prägten, deutlich herausgearbeitet sind. Das andere ist eine Studie von Graham Southerland, welche die verschiedenen Gesichtshälften auf eine sehr viel wärmere, weichere Art und Weise wiedergibt. Da mein Mann gern die Dualität betont, die in jedem Menschen vorhanden ist – in dem einen ruht sie, in dem anderen blüht sie – zieht er aus diesen beiden Bildern Rückschlüsse auf die Dualität im Wesen meines Vaters: Sie bestehe aus den beiden Polen Tatkraft und Besonnenheit. Ich denke, damit hat er sich in die Persönlichkeit von Konrad Adenauer sehr gut eingefühlt.

„Ganz besonders liegt mir am Herzen, seine große Zuwendung zu anderen Menschen, in der auch seine religiösen und sozialen Wertvorstellungen Ausdruck fanden, an meine Kinder, Enkel und Urenkel weiterzugeben.“

Ich hoffe sehr, dass es mir in diesen Erinnerungen an meinen Vater gelungen ist, seine Stärken wie Aufrichtigkeit, Beharrlichkeit und Treue zu sich selbst deutlich zu machen. Ganz besonders liegt mir am Herzen, seine große Zuwendung zu anderen Menschen, in der auch seine religiösen und sozialen Wertvorstellungen Ausdruck fanden, an meine Kinder, Enkel und Urenkel weiterzugeben.

Libet Werhahn-Adenauer

Haftungsausschluss

Trotz intensiven Austauschs mit unseren Gesprächspartnern, gewissenhafter Literaturrecherche und aufmerksamem Korrekturlesen erheben wir weder einen Anspruch auf Vollständigkeit noch auf Fehlerlosigkeit. Wir haben streng darauf geachtet, keine Urheberrechte zu verletzen, unsere Recherchen sind nach bestem Wissen und Gewissen erfolgt. Dennoch übernehmen wir keinerlei Gewähr für die Aktualität, Korrektheit oder Vollständigkeit der bereitgestellten Informationen. Haftungsansprüche gegen uns schließen wir grundsätzlich aus.

Bildnachweis:

S. 6: Stiftung Bundeskanzler Adenauer Haus

S. 7: Stiftung Bundeskanzler Adenauer Haus

S. 8: Konrad Adenauer / Konrad Adenauer Haus

S. 9: Konrad Adenauer

S. 10: Konrad Adenauer

S. 11: Konrad Adenauer

S. 12: Stiftung Bundeskanzler Adenauer Haus

S. 14: https://commons.wikimedia.org/wiki/File:Maria_Laach_-_Paradies_2010-10-21.jpg

S. 16: Stiftung Bundeskanzler Adenauer Haus

S. 17: Stiftung Bundeskanzler Adenauer Haus

S. 18: Stiftung Bundeskanzler Adenauer Haus

S. 23: Konrad Adenauer

S. 25: Stiftung Bundeskanzler Adenauer Haus

S. 26: Libet Werhahn

S. 28? Von Leit - Eigenes Werk, Gemeinfrei, https://commons.wikimedia.org/w/index.php?curid=860988

S. 32: Public domain

S. 36: Stiftung Bundeskanzler Adenauer Haus

S. 37: Stiftung Bundeskanzler Adenauer Haus

S. 39: Stiftung Bundeskanzler Adenauer Haus

S. 41: Libet Werhahn

S. 42: Stiftung Bundeskanzler Adenauer Haus

S. 48: Libet Werhahn

S. 51: Stiftung Bundeskanzler Adenauer Haus

S. 55: Stiftung Bundeskanzler Adenauer Haus

S. 58 Bundesarchiv, Bild 146-1972-025-12 / CC-BY-SA 3.0 [CC BY-SA 3.0 de (https://creativecommons.org/licenses/by-sa/3.0/de/deed.en)], via Wikimedia Commons

S. 65 Bundesarchiv, Bild 183-V00670A

S. 66: Stiftung Bundeskanzler Adenauer Haus

S. 72: By Tohma [GFDL (http://www.gnu.org/copyleft/fdl.html) or CC BY-SA 4.0 (https://creativecommons.org/licenses/by-sa/4.0)], from Wikimedia CommonsS.

S. 75: Libet Werhahn

S. 76 Bundesarchiv, Bild 183-R70674 / CC-BY-SA 3.0

S. 77 Bundesarchiv, Bild 147-0739 / CC-BY-SA 3.0 [CC BY-SA 3.0 de (https://creativecommons.org/licenses/by-sa/3.0/de/deed.en)], via Wikimedia Commons

S. 79: By WaldiWuff [Public domain], from Wikimedia Commons

S. 80: Stiftung Bundeskanzler Adenauer Haus

S. 84: Libet Werhahn

S. 85: Libet Werhahn

S. 86: Libet Werhahn

S. 88: Stiftung Bundeskanzler Adenauer Haus

S. 89: Libet Werhahn

S. 95: Stiftung Bundeskanzler Adenauer Haus

S. 96: Stiftung Bundeskanzler Adenauer Haus

S. 97: Libet Werhahn

S. 98: Libet Werhahn

S. 99: Libet Werhahn

S. 100: Libet Werhahn

S. 102: Libet Werhahn

S. 105 By US Army photographers on behalf of

the OUSCCPAC or its successor organisation, the OCCW [Public domain], via Wikimedia Commons
S. 106 Von CDU - Diese Datei wurde Wikimedia Commons freundlicherweise von der Konrad-Adenauer-Stiftung im Rahmen eines Kooperationsprojektes zur Verfügung gestellt., CC BY-SA 3.0 de, https://commons.wikimedia.org/w/index.php?curid=16173757

S. 111: Bundesarchiv, Bild 183-27146-0001 / CC-BY-SA 3.0

S. 115 Bundesarchiv, B 145 Bild-F008258-0023 / Wundshammer, Benno / CC-BY-SA 3.0 [CC BY-SA 3.0 de (https://creativecommons.org/licenses/by-sa/3.0/de/deed.en)], via Wikimedia CommonsS.

S. 116: Bild 1: By Cecil W. Stoughton (http://mcadams.posc.mu.edu/images/jackie2.htm) [Public domain], via Wikimedia Commons. Bild 2: [Public domain], via Wikimedia Commons

S. 119: Bundesarchiv, Bild 183-45653-0001 / CC-BY-SA 3.0

S. 123: By kamshots [CC BY 2.0 (https://creativecommons.org/licenses/by/2.0)], via Wikimedia Commons

S. 125: Bild 1: By Jeanne Menj [CC BY 2.0 (https://creativecommons.org/licenses/by/2.0)], via Wikimedia Commons. Bild 2: By Dersaadet [CC BY-SA 3.0 (https://creativecommons.org/licenses/by-sa/3.0) or GFDL (http://www.gnu.org/copyleft/fdl.html)], from Wikimedia Commons

S. 129: Bundesarchiv, B 145 Bild-F019270-0012 / Gerhard Heisler / CC-BY-SA 3.0 [CC BY-SA 3.0 de (https://creativecommons.org/licenses/by-sa/3.0/de/deed.en)], via Wikimedia Commons

S. 130: By Daderot (I took this photograph.) [Public domain], via Wikimedia Commons

S. 134: Bild 1: Bundesarchiv, B 145 Bild-F005917-0006 / Unterberg, Rolf / CC-BY-SA 3.0. Bild 2: Bundesarchiv, B 145 Bild-F005916-0009 / Unterberg, Rolf / CC-BY-SA 3.0

S. 135: By Hamster28 [Public domain], from Wikimedia Commons
S. 136: Libet Werhahn

S. 137: Bundesarchiv, B 145 Bild-F019973-0017 / Gerhard Heisler / CC-BY-SA 3.0 [CC BY-SA 3.0 de (https://creativecommons.org/licenses/by-sa/3.0/de/deed.en)], via Wikimedia Commons

S. 138: Stiftung Bundeskanzler Adenauer Haus

S. 144 Bundesarchiv, B 145 Bild-F024568-0032 / Reineke, Engelbert / CC-BY-SA 3.0 [CC BY-SA

S. 145 Bundesarchiv, Bild 173-1201 / Wolf, Helmut J. / CC-BY-SA 3.0 [CC BY-SA 3.0 de (https://creativecommons.org/licenses/by-sa/3.0/de/deed.en)], via Wikimedia Commons

S. 147: Libet Werhahn

S. 148: Stiftung Bundeskanzler Adenauer Haus

S. 149: Stiftung Bundeskanzler Adenauer Haus

S. 152: Libet Werhahn

S. 154: Libet Werhahn

S. 157: Libet Werhahn

S. 158: Libet Werhahn

S. 161: Libet Werhahn

S. 166: Libet Werhahn

S. 175: Konrad Adenauer (Enkel)

S. 176: Libet Werhahn

S. 177: Libet Werhahn

S. 178: Libet Werhahn?

S. 179: Stiftung Bundeskanzler Adenauer Haus

S. 180: Libet Werhahn

S. 181: Stiftung Bundeskanzler Adenauer Haus

S. 183: Stiftung Bundeskanzler Adenauer Haus

Coverbild: Libet Werhahn

Sollte trotz aufwendiger Recherche eine Bildquelle nicht korrekt oder unvollständig angegeben sein oder ein Rechteinhaber übersehen worden sein, bitten wir die betroffene Institution oder Person, sich mit dem Verlag in Verbindung zu setzen.